Beck-Rechtsberater

Elternunterhalt

dtv

Beck-Rechtsberater

Elternunterhalt

Das müssen Kinder für ihre Eltern zahlen

Von Gisela Lindemann-Hinz
und Jürgen Wabbel

4. Auflage

www.dtv.de
www.beck.de

Originalausgabe

dtv Verlagsgesellschaft mbH & Co. KG,
Tumblingerstraße 21, 80337 München

Druck und Bindung: Druckerei C.H. Beck, Nördlingen
(Adresse der Druckerei: Wilhelmstraße 9, 80801 München)
Satz: ottomedien GmbH, Darmstadt
Umschlaggestaltung: Design Concept Krön, Puchheim
unter Verwendung eines Fotos von Fotolia

chbeck.de/nachhaltig

ISBN 978-3-423-51246-6 (dtv)
ISBN 978-3-406-75371-8 (C.H.Beck)
ISBN 978-3-406-75372-5 (eBook)

Geleitwort

Elternunterhalt – ein Thema, das enorm an Brisanz gewonnen hat und durch die zunehmende Altersarmut weiter an Brisanz gewinnen wird. Denn immer häufiger muss der Staat einspringen, wenn die eigene Rente oder Pension und das erarbeitete Vermögen nicht mehr ausreichen, um die Pflegekosten zu finanzieren. Der Staat wiederum greift auf die Kinder zurück, um zu prüfen, ob diese in der Lage – und damit verpflichtet – sind, den Unterhalt der Eltern zumindest teilweise mitzufinanzieren. Schnell wird dann das Schreckgespenst „Verkauf der Immobilie", „Einsatz des Notgroschens" aufgebaut.

Mit diesen und vielen anderen Vorurteilen und Ängsten räumt der Ratgeber auf. Er schafft keine trügerische Idylle, sondern sagt klipp und klar, womit Kinder zu rechnen haben, wenn sie ihre Eltern im Alter unterstützen müssen. Zwar kann der Elternunterhalt zu empfindlichen finanziellen Einschnitten führen, aber durch die neuen gesetzlichen Regelungen werden Kinder in vielen Fällen nicht mehr unterhaltspflichtig sein. Das beruhigt Viele, führt aber auf der anderen Seite zu Ungerechtigkeiten und Härten, wenn Betroffene die neuen Einkommensgrenzen nur geringfügig überschreiten.

Die Autoren schaffen es anhand vieler Beispiele, meist der Rechtsprechung entlehnt, die Grenzen, aber auch die Untiefen des Elternunterhalts für Betroffene gut verständlich zu erläutern. Das ist bei einer so schwierigen Rechtsmaterie alles andere als selbstverständlich. Und doch: Immer wieder ergeben sich Probleme und Fragen, die betroffene Kinder gerne besprechen möchten, bei denen sie sich nicht sicher sind, ob die Frage tatsächlich dem beschriebenen Beispiel entspricht. Genau für diese Fälle gibt es Verbände, die Immobilieneigentümer gerade bei diesen sehr persönlichen Anliegen zur Seite stehen können.

Sie finden uns ganz in Ihrer Nähe. Haus & Grund Bayern ist der größte Landesverband der insgesamt 22 Landesverbände umfassenden Haus & Grund-Organisation. Mit 105 Ortsvereinen sind wir bayernweit zu finden und vertreten die Interessen der über 140.000 bei uns organisierten privaten Haus-, Wohnungs- und Grundeigentümer. Wir beraten Sie nicht nur bei Ihren Fragen rund um die Immobilie. Mindestens genauso wichtig ist die Vertretung Ihrer Interessen, also der Interessen der privaten Haus-, Wohnungs- und Grundeigentümer in Politik, Wirtschaft und Gesellschaft. Haus & Grund Bayern ist dazu gut aufgestellt. Wir vertreten schlagkräftig Ihre Interessen im Freistaat Bayern. Und wenn Sie Probleme vor Ort haben – zum Beispiel mit einem Bauträger, einem Mieter oder der Gemeinde –, finden Sie die notwendige Hilfe in einem unserer Ortsvereine auch in Ihrer Nähe.

Dr. Ulrike Kirchhoff
Vorstand Haus & Grund Bayern
Landesverband Bayerischer
Haus-, Wohnungs- und Grundbesitzer e.V.

Vorwort zur 4. Auflage

Warum gibt es diesen Ratgeber (noch)?

In einer großen Boulevardzeitung stand einmal unter der Überschrift „Kinder haften für ihre Eltern“ folgender Satz: Wird ein Elternteil pflegebedürftig und reicht die Rente nicht, kommt Post vom Sozialamt. In der Folge musste nahezu jeder damit rechnen, von den Sozialämtern in Regress genommen zu werden, wenn die Mutter/der Vater staatliche Hilfeleistungen erhielt. In erster Linie Betroffene waren Kinder und aufgrund der „Schicksalsgemeinschaft“ auch deren Ehepartner, auch wenn es nach dem Gesetz keine Unterhaltspflicht für die Schwiegereltern gibt.

In der Regel treten die Sozialämter in Vorleistung, wenn im Alter das eigene Geld nicht mehr ausreicht, um damit seinen Lebensabend zu finanzieren. Nur allzu häufig sind die eigene Rente oder das eigene Vermögen zu niedrig, um die Kosten für das Pflegeheim bzw. vergleichbare Leistungen zu finanzieren, denn Pflegeheime sind teuer. In diesen Fällen hilft zunächst einmal der Staat aus und leistet – ergänzende – Sozialhilfe. Soweit möglich, will dann aber der Träger der Sozialhilfe seine Aufwendungen wieder zurückerhalten. Hierfür steht ihm nur der mögliche Unterhaltsanspruch des Hilfeempfängers zur Verfügung. Damit treffen im Bereich des Elternunterhaltes öffentlich-rechtliche Regelungen (Sozialrecht) mit dem klassischen Unterhaltsrecht nach dem BGB zusammen. Es ist in der Tat nicht einfach, das Zusammenspiel bzw. das Nebeneinander dieser Vorschriften zu überblicken und nicht nur juristische Laien tun sich schwer damit.

Für viele wurde der drohende Elternunterhalt zu einer erheblichen Belastung und auch die Sozialbehörden wurden der Menge der zu bearbeitenden Unterhaltsfälle kaum Herr. Das führte zur Einführung des sog. Angehörigen-Entlastungsgesetzes. Danach werden Kinder, die weniger als 100.000,00 EUR brutto im Jahr verdienen gar nicht mehr zum Elternunterhalt herangezogen. Verliert damit das Thema an Brisanz? Nein - denn die Behörden werden sich weiterhin dezidiert mit den Berechnungen auseinandersetzen müssen, um Ungerechtigkeiten zu vermeiden. Viele Folgen der neuen gesetzlichen Regelungen werden im Einzelfall als nicht gerecht empfunden werden. Ist es nach bisherigem Verständnis des neuen Gesetzes zum Beispiel einsehbar, dass jemand der 99.500,00 EUR im Jahr verdient keinen Cent Unterhalt zahlt, sein Arbeitskollege, der 101.000,00 EUR brutto pro Jahr erhält bei ansonsten gleichen wirtschaftlichen Verhältnissen aber rund 600,00 EUR monatlich zahlen müsste? Die neue gesetzliche Regelung hat also ihre eingebauten Tücken und der Diskussionsbedarf bleibt bestehen, jedoch auf der Basis höherer Beträge und damit weitergehender Eingriffe in die persönliche finanzielle Disposition.

Mit Inkrafttreten der neuen Rechtslage ab 1.1.2020 ergibt sich auch ein guter Zeitpunkt für einen Autorenwechsel. Frau Rechtsanwältin Lindemann-Hinz gilt mein besonderer Dank für ihre grundlegende Arbeit; es ist mir eine Freude, dieses Werk fortfahren zu dürfen.

Das Buch beleuchtet die neuen „Spielregeln" des Elternunterhaltes und gibt zahlreiche Anregungen, wie Betroffene reagieren können, falls sie in Anspruch genommen werden. Es werden die Besonderheiten erklärt, die sich aus der Kombination mit dem öffentlichen Recht für den Unterhaltsanspruch ergeben. Außerdem wird der Ablauf der Kosteneinziehung durch die Behörden und das Verfahren bei Gericht in seinen einzelnen Schritten erläutert. Schließlich finden sich in dem Ratgeber zahlreiche hilfreiche Tipps, wie mit der Forderung auf Zahlung von Elternunterhalt umzugehen ist, und wie Betroffene ihr Einkommen und Vermögen schützen können. Denn sie wird auch weiterhin kommen: Die Post vom Sozialamt.

Braunschweig, im Juni 2020 *Jürgen Wabbel*

Inhaltsübersicht

Inhaltsverzeichnis

1. Kapitel

Der neue Elternunterhalt – Die Reform im Überblick

Nach der zum 1. Januar 2020 in Kraft getretenen Reform soll die Zahlung von Elternunterhalt nur noch ein „Privileg der Reichen und Gutverdienenden" sein. Die Reform betrifft nahezu ausschließlich Fallkonstellationen, bei denen sich Eltern in einer Pflegeeinrichtung aufhalten und die eigenen Einkünfte und das eigene Vermögen nicht zur Deckung der hohen Kosten ausreichen. Dies betraf Ende 2018 rund 800.000 Personen. Für die ungedeckten Kosten tritt das Sozialamt ein und holt sich im Rahmen des zivilrechtlichen Unterhaltsrechts das Verauslagte ganz oder teilweise von den unterhaltspflichtigen Kindern zurück. Aufgrund der hohen Anzahl der Pflegebedürftigen und den unzureichenden Leistungen aus Renten-und Pflegeversicherung war ein hoher Prozentsatz von Bürgern betroffen. Häufig trat der Pflegefall zu einem Zeitpunkt ein, als noch eigene Kinder in der Ausbildung finanziert werden mussten oder gerade die eigene Immobilie abbezahlt war und an die eigene Altersvorsorge zu denken war. Der Elternunterhalt war damit ein Thema, welches viele Sorgen und Ängste hervorrief. Ziel des reformierten Elternunterhaltes ist es, die Inanspruchnahme unterhaltspflichtiger Angehöriger zu modernisieren und sich den gewandelten Lebensverhältnissen der Gesellschaft anzupassen. Während nach altem Recht die Familie als Not- und Haftungsgemeinschaft gesehen wurde mit der Folge, dass Familienmitglieder für einander auch finanziell einstehen müssen, sieht das neue Gesetz jetzt die Verantwortung in erster Linie bei der Allgemeinheit und damit der Finanzierung durch die Sozialhilfe. Zur Entlastung der Angehörigen soll die neue Gesetzeslage mit folgenden Änderungen beitragen:

I. Einkommensgrenze 100.000 EUR

Wer als unterhaltspflichtiges Kind ein geringeres Jahreseinkommen als 100.000 EUR brutto verdient, kann nicht zum Elternunterhalt herangezogen werden. Während der Träger der Sozialhilfe, der Hilfe zur Pflege für die Eltern geleistet hat nach altem Recht den Unterhaltsanspruch der Eltern gegen ihre Kinder auf sich überleiten durfte, um ihn dann selbst geltend zu machen wurde diese Möglichkeit ab 1. Januar 2020 stark eingeschränkt. Die Überleitung von den Eltern auf den Träger der Sozialhilfe ist nur noch gestattet, wenn konkrete Anhaltspunkte dafür bestehen, dass ein unterhaltspflichtiges Kind ein höheres Jahres-Bruttoeinkommen als 100.000 EUR hat **(§ 94 Abs. 1a SGB XII).** Das ist ein wesentlicher Unterschied zu der alten Rechtslage, bei der keine Schranke für die Überleitung bestand und alleinstehende Kinder ab einem Einkommen über 1.800 EUR netto in die Haftung genommen werden konnten. Für verheiratete Kinder galt ein geschütztes Einkommen von 3.240 EUR netto, allerdings unter Einbeziehung der Einkünfte des Ehepartners.

Bei der neuen Grenze von 100.000 EUR werden sämtliche Einkünfte im Sinne des Einkommensteuerrechts berücksichtigt. Neben Einkünften aus selbstständiger und nicht selbständiger Tätigkeit sind beispielhaft zu nennen: Einkünfte aus Vermietung und Verpachtung, Gewerbebetrieb, Zinsen und Dividenden, Spekulationsgewinne aus Wertpapierverkäufen etc. Mit anderen Worten: Die Einkommensgrenze definiert sich als die Summe aller Einkünfte im Sinne des Einkommensteuerrechts (§ 94 Abs. 1a SGB XII i.V.m. § 16 SGB IV und § 2 EStG).

II. Vermutungsregel

Nach altem Recht durften die Sozialämter mit der sogenannten Überleitungsanzeige auch Auskunft fordern über die Einkommens- und Vermögensverhältnisse des unterhaltspflichtigen Kindes und seines Ehepartners. Auch dies soll ausgeschlossen sein, weil nach dem Wortlaut des Gesetzes zunächst die Annahme gilt, dass die Kinder des bedürftigen Elternteils unter 100.000 EUR brutto im Jahr verdienen. Nur bei konkreten Anhaltspunkten für ein höheres Einkommen darf die Behörde von den ihr zustehenden Auskunftsrechten Gebrauch machen. In der Praxis wird dies durch entsprechende Fragen an die bedürftigen Eltern im Zusammenhang mit dem Antrag auf Sozialhilfe geschehen.

Tipp:

Wenn ein Antrag auf Hilfe zur Pflege – wie es in der Praxis häufig vorkommt – von den Kindern selbst als Bevollmächtigte der Eltern gestellt wird, ist die Versuchung bisweilen groß, dort das eigene Einkommen geringer darzustellen, um den Rückgriff im Vorfeld zu vermeiden. Falsche Angaben im Antrag auf Sozialhilfe sind allerdings als Betrug strafbar, sodass dringend von Manipulationsversuchen abzuraten ist.

III. Jedes unterhaltspflichtige Kind zählt für sich

Sind mehrere Kinder vorhanden so richtet sich die 100.000 EUR-Grenze individuell nach dem Einkommen jedes Kindes. Es wird also keine Addition der Einkommen vorgenommen. Nur wer Einkünfte oberhalb der Grenze erzielt kann in Anspruch genommen werden, wer darunter liegt nicht.

IV. Einkommen des Ehepartners wird nicht hinzugerechnet

Bei der Bestimmung der 100.000-Euro Grenze wird das Einkommen des Ehepartners völlig außer Ansatz gelassen. Liegt das zum Unterhalt verpflichtete Kind mit seinem Einkommen unterhalb von 100.000 EUR kann ein Rückgriff durch den Träger der Sozialhilfe nicht erfolgen, selbst wenn das Familieneinkommen aufgrund des hohen Einkommens des Ehepartners bei 300.000 EUR liegt. Steht allerdings fest, dass die Sozialbehörde Unterhalt verlangen kann, weil das Einkommen des Kindes oberhalb von 100.000 EUR liegt, so wird bei der Berechnung auch das Einkommen des Ehepartners berücksichtigt. Nähere Einzelheiten dazu sind unten dargestellt.

V. Vermögen wird nicht mitgezählt

Die Grenze von 100.000 EUR bezieht sich ausschließlich auf das Jahresbruttoeinkommen. Eingerechnet werden Erträge aus dem vorhandenen Vermögen, nicht aber das Vermögen selbst. Liegt also das Vermögen über 100.000 EUR und das Einkommen darunter, so kann ein Rückgriff des Sozialamtes nicht stattfinden.

VI. Höherer Selbstbehalt

Der Gesetzgeber hat deutlich zum Ausdruck gebracht, dass Kinder unterhalb eines bestimmten Einkommens von der Inanspruchnahme auf Elternunterhalt verschont bleiben sollen. Allerdings wurde dies bisher in den unterhaltsrechtlichen Leitlinien, an denen sich die Rechtsprechung orientiert noch nicht konsequent umgesetzt, sodass sich in diesem Bereich derzeit die meisten Unsicherheiten ergeben. In diesem Buch wird sich für eine konsequent massive Anhebung des Selbstbehaltes für unterhaltspflichtige Kinder ausgesprochen – deutlich oberhalb der derzeit in vielen Unterhaltsleitlinien benannten Beträge.

Weitere Einzelheiten ergeben sich aus den nachfolgenden Kapiteln.

2. Kapitel

Elternunterhalt – Schnittstelle zwischen bürgerlichem und öffentlichem Recht

Elternunterhalt ist Teil des Verwandtenunterhaltes und hat damit die gleichen Wurzeln wie der Kindesunterhalt. Verwandte in gerader Linie sind verpflichtet, einander Unterhalt zu gewähren. Dass Kinder von ihren Eltern zu alimentieren sind, bis sie wirtschaftlich auf eigenen Füßen stehen können, ist hinlänglich bekannt und wird allgemein akzeptiert. An dieser uneingeschränkten Akzeptanz fehlt es jedoch, wenn es um Elternunterhalt geht. Woran liegt es aber, dass viele Kinder sich fragen, warum sie für den Lebensunterhalt ihrer Mutter im Heim oder die Betreuungskosten des Vaters aufkommen sollen? Man kann diese Frage einfach beantworten und den Betroffenen sagen: weil es im Gesetz steht. Ein kurzer Blick zurück in die Entstehungsgeschichte des Bürgerlichen Gesetzbuches (BGB) mag dafür eine gute Erklärung geben:

Als das Bürgerliche Gesetzbuch nach jahrelangen Vorarbeiten im Jahr 1900 in Kraft trat, fehlte eine hinreichende staatlich organisierte Fürsorge für Menschen in finanziellen Notlagen. Die Absicherung der Menschen im Alter konnte nur im privaten Bereich über die eigene (Groß-) Familie erfolgen. Es entsprach dem selbstverständlichen Gebot der Solidarität, dass derjenige, der selbst für den Unterhalt seiner Kinder aufgekommen ist, im Alter erwarten konnte, dann von dem erwachsenen Sohn/der erwachsenen Tochter finanziell unterstützt zu werden. In der Regel wurde der betagte Mensch in den Haushalt des Kindes aufgenommen. Auf diese Weise wurde der Lebensunterhalt der Eltern mehr in Form von Naturalien gedeckt als über Geldzahlungen. Es handelte sich dabei auch um einen „Generationenvertrag", jedoch nach alter Prägung durch tätige Unterstützung der bedürftigen Familienmitglieder. Dies veranlasste die Gründungsväter des BGB, das Verwandtschaftsverhältnis rechtlich mit gegenseitigen Beistands- und Unterhaltsansprüchen auszugestalten.

Im 20. Jahrhundert setzte nach den beiden Weltkriegen eine vollkommen neue Entwicklung ein. Mehr und mehr wurde die Fürsorge innerhalb der Familie als Schutz vor materieller Not zugunsten staatlicher Fürsorgeeinrichtungen abgelöst. Die Reform des gesetzlichen Rentensystems im Jahre 1957 war eine der wichtigsten Maßnahmen des Staates, die diese Entwicklung einleitete. Damit konnte sich das Gros der Berufstätigen aus eigener Kraft eine ausreichende Altersversorgung aufbauen. Die Abhängigkeit vom „guten Willen" der eigenen Familie trat immer mehr in den Hintergrund.

Der moderne Sozialstaat übernahm in immer mehr Bereichen die Aufgabe, bedürftigen Menschen zu helfen. Mehr und mehr trat öffentliche Hilfe an die Stelle der Unterstützung alter und behinderter Menschen durch die Familie. Am 1.6.1962 trat das – moderne – Bundessozialhilfegesetz in Kraft, das die seit 1924 geltende Reichsfürsorgepflichtverordnung und die Reichsgrundsätze über Voraussetzung, Art und Maß der öffentlichen Fürsorge abgelöst hat. Es kam auf diese Weise ein neuer Generationenvertrag zustande, der wiederum das bürgerlich rechtliche Unterhaltsgeflecht beeinflusste. Der **Bundesgerichtshof** (BGH) hat im Jahre 1992 als erster folgende Worte dafür gefunden:

> „Die unter der Geltung des GG (Grundgesetz) vollzogene Entwicklung des Sozialrechts spiegelt die eingetretenen Veränderungen in den Rechtsbeziehungen innerhalb der Familie nicht nur wider, sondern die Sozialgesetzgebung hat ihrerseits diese Entwicklung beeinflusst. Seit der Rentenreform von 1957 obliegt es den im aktiven Berufsleben stehenden Kindern ohnehin bereits, durch ihre Rentenversicherungsabgaben i.H.v. z.Z. etwa 20 % des Einkommens die ganze Elterngeneration im Alter angemessen zu versorgen" (BGH Urteil vom 26.2. 1992, FamRZ 1992, 795). 1995 kam die gesetzliche Pflegeversicherung noch hinzu.

Die Kinder könnten deshalb verlangen, dass ihnen gegenüber dem Unterhaltsanspruch ihrer Eltern in jedem Fall ihr angemessener Lebensstandard erhalten bleibt. Sogar die Abschaffung des Elternunterhaltes wurde in der Öffentlichkeit diskutiert.

Mit der Einführung der Grundsicherung im Alter zum 1. Januar 2003 schuf der Gesetzgeber ein weiteres Leistungsangebot des Staates mit dem erklärten Ziel, das Existenzminimum von älteren Menschen abzudecken und die Kinder bewusst von Elternunterhalt zu entlasten. Der Elternunterhalt geriet mit der Zeit aus dem öffentlichen Bewusstsein.

Das Bundesverfassungsgericht trug ebenfalls dazu bei, den Stellenwert des Elternunterhaltes im Gefüge des Verwandtenunterhaltes gering zu veranschlagen. Nach seiner Auffassung begründet Art. 6 Abs. 2 Grundgesetz (Schutz von Ehe und Familie) allein das Recht und die Pflicht der Eltern, ihren Kindern Pflege und Erziehung zukommen zu lassen und damit auch für ihren Unterhalt aufzukommen. Eine Pflicht der Kinder, ihren Eltern Unterhalt zu gewähren, sei dagegen dem Wortlaut der Verfassung nicht zu entnehmen. Da das Grundgesetz jedoch ausdrücklich die Familie unter den besonderen Schutz der staatlichen Ordnung stellt, billigte das **Bundesverfassungsgericht** die im Gesetz getroffenen Regelungen, die einen Nachrang des Elternunterhaltes zur Folge haben, mit folgenden Ausführungen:

> „In Ausgestaltung familiärer Verantwortung ist es dem Gesetzgeber von Verfassungs wegen nicht verwehrt, nicht nur den Eltern Unterhaltspflichten gegenüber ihren Kindern aufzuerlegen, sondern auch Kindern gegenüber Eltern, wenn diese zur eigenen Unterhaltssicherung nicht in der Lage sind ... Eltern haben für ihre Kinder zu sorgen und müssen regelmäßig damit rechnen, ihnen auch über den Eintritt der Volljährigkeit hinaus Unterhalt zu gewähren, bis die Kinder nach ihrer Ausbildung durch eigenes Einkommen in der Lage sind, sich selbst zu unterhalten. Demgegenüber kommt die Pflicht zum Elternunterhalt zumeist zum Tragen, wenn die Kinder längst eigene Familien gegründet haben, sich Unterhaltsansprüchen ihrer eigenen Kinder und Ehegatten ausgesetzt sehen, sowie für sich selbst und die eigene Altersabsicherung zu sorgen haben" (BVerfG Urteil vom 7.6.2005, FamRZ 2005, 1051).

Als diese Entscheidung des Bundesverfassungsgerichts erging, hatten sich die gesellschaftlichen Verhältnisse bereits wieder grundlegend geändert. Der Elternunterhalt war im öffentlichen Bewusstsein äußerst präsent, da sich immer mehr erwachsene Kinder mit der Forderung von Sozialämtern konfrontiert sahen, die für die Pflegekosten ihrer betagten Eltern in Vorleistung gegangen waren und deshalb die Kinder in Rückgriff nehmen wollten. Die auch dank verbesserter medizinischer Versorgung fortschreitende Überalterung der Gesellschaft hatte die Ausgaben der Kommunen für alte Menschen in die Höhe schnellen lassen. Der Staat suchte dringend nach Abhilfe, weil der rasante Anstieg der Heim- und Pflegekosten auf zunehmend leere Kassen der öffentlichen Haushalte traf. Die Träger der Sozialhilfe suchten fieberhaft nach Möglichkeiten für ihre Entlastung und fanden die Lösung im Elternunterhalt. Schon ab der 2. Hälfte des letzten Jahrhunderts kam es deshalb zu einer Kehrtwende. Man mag es als Kuriosum werten, dass sich gerade der Träger von Sozialhilfe, also der Staat, auf den ursprünglichen Generationenvertrag der Familie zurückbesonnen hat, wo er es doch war, der die Abkoppelung der Altenpflege von der Familie nach Kräften gefördert hatte.

Es ist vor allem der Rechtsprechung des BGH zu verdanken, dass der Verwandtenunterhalt seitdem klare Konturen bekommen hat. Die Sozialämter hatten anfangs der Besonderheit der Unterhaltsmaterie zu wenig Beachtung geschenkt. Inzwischen aber hat sich auch hier die Erkenntnis durchgesetzt, dass sie es in diesem Bereich der Kosteneinziehung mit dem Zivilrecht des BGB zu tun haben – das Sozialrecht bildet nur den „Rahmen“ in dem der Staat im privaten Unterhaltsrecht tätig werden darf. In den Ländern und Kommunen wurden deshalb besondere Ausführungsvorschriften entwickelt, die sich speziell mit der Durchsetzung von Unterhaltsansprüchen beschäftigen. Damit werden den Trägern der Sozialhilfe wichtige Arbeitsrichtlinien an die Hand gegeben mit dem Ziel, ihnen die Arbeit mit dem bürgerlich-rechtlich ausgerichteten Unterhaltsrecht zu erleichtern.

Eine besondere Bedeutung in dem Bestreben, größtmöglichen Gleichklang zwischen öffentlichem und privatem Recht zu schaffen, kommt dabei dem Deutschen Verein für das private und das öffentliche Recht e.V. mit seinen „Empfehlungen für die Heranziehung Unterhaltspflichtiger in der Sozialhilfe (SGB XII)“ zu. Diese wurden zuletzt im Jahr 2014 herausgegeben und können im Internet unter www.deutscher-verein.de eingesehen sowie unter folgender Postanschrift bezogen werden: Deutscher Verein, Michael-Kirch-Straße 17–18 in 10179 Berlin. Diese Richtlinien bieten erste Anhaltspunkte, die Praxis zeigt aber auch, dass der Verhandlungsspielraum mit den Behörden teilweise deutlich über die Empfehlungen hinausreicht, sodass sie nicht als feststehende Gesetzmäßigkeiten angesehen werden dürfen.

Mit dem Gesetz zur Entlastung unterhaltspflichtiger Angehöriger in der Sozialhilfe und in der Eingliederungshilfe (Angehörigen-Entlastungsgesetz), in Kraft getreten zum 1. Januar 2020 stellt der Gesetzgeber den Gedanken in den Mittelpunkt, dass die Inanspruchnahme unterhaltspflichtiger Angehöriger erheblich begrenzt werden soll und vollzieht damit einen Wechsel der Sichtweise. Im Rahmen des Elternunterhaltes sollen weniger die erwachsenen Kinder in die Pflicht genommen werden und stattdessen die Solidargemeinschaft, also die Allgemeinheit stärker in die Verantwortung genommen werden.

3. Kapitel

Elternunterhalt – Basiswissen

I. Grundlagen des Elternunterhaltes

Der aus dem Verwandtschaftsverhältnis herrührende richtet sich weiterhin nach dem Bürgerlichen Gesetzbuch (BGB) und begründet beiderseitige Rechte und Pflichten. Das Unterhaltsrecht ist davon geprägt, den sich in der Regel widersprechenden Interessen von Unterhaltsberechtigten und Unterhaltsverpflichteten bestmöglich gerecht zu werden. Es soll ein fairer Interessenausgleich zwischen den beiden Seiten gefunden werden. Zu diesem Zweck kann eine Entscheidung nur auf der Grundlage der individuellen Verhältnisse unter Berücksichtigung aller Umstände des Einzelfalles getroffen werden. Entscheidende Bedeutung haben dabei sowohl die persönlichen als auch die wirtschaftlichen Verhältnisse der Beteiligten. Vor dem Hintergrund der neuen gesetzlichen Regelung wird die Argumentation mit den persönlichen und wirtschaftlichen Verhältnissen zum Schutz des Unterhaltspflichtigen noch eine weit größere Rolle spielen als bisher, weil nach der derzeitigen Lesart des Gesetzes teilweise massive Einschnitte zu befürchten sind.

Beim Elternunterhalt unterscheidet man wie bei den anderen Unterhaltsschuldverhältnissen auch zwischen Betreuungs- und Barbedarf. Beim Betreuungsunterhalt steht die tatsächliche Versorgung des Unterhaltsberechtigten mit Nahrung, Bekleidung, Wohnung, Pflege im Krankheitsfall etc. im Vordergrund. Unter Barbedarf sind die finanziellen Mittel zu verstehen, die der Unterhaltspflichtige dem Bedürftigen für dessen gesamte Lebenshaltungskosten zur Verfügung zu stellen hat. Grundsätzlich ist der Unterhalt durch Entrichtung einer Geldrente zu gewähren. Der Unterhaltsverpflichtete kann aber auch verlangen, dass ihm die Gewährung des Unterhaltes in anderer Art gestattet wird, wenn besondere Gründe es rechtfertigen (§ 1612 Abs. 1 BGB). In diesem Fall erfüllt das Kind seine Unterhaltspflicht dadurch, dass es dem Elternteil zum Beispiel Unterkunft und Verpflegung und, soweit erforderlich, Betreuungsleistungen zur Verfügung stellt. Ist das Angebot von Kost und Logis für den Elternteil unzumutbar, kann er es ablehnen und stattdessen den geschuldeten Elternunterhalt in bar verlangen. Kann ihm das erwachsene Kind mit großer Familie und kleinen Kindern etwa nur ein Zimmer in seiner Wohnung zur Verfügung stellen, wird der Unterhaltsgläubiger eher Gründe haben, das Angebot abzulehnen als wenn ihm eine eigene, abgeschlossene Wohnung zur Verfügung gestellt werden kann.

Der auf dem Verwandtschaftsverhältnis beruhende Elternunterhalt kann je nach Bedarfslage Unterhaltsansprüche aktivieren, sie ruhen oder wiederaufleben lassen. Er ist an keine Einsatzzeitpunkte gebunden, wie folgendes Beispiel verdeutlichen soll: Ein Elternteil wird Anfang des Jahres hilfebedürftig. Er verfügt zwar über Vermögen, dessen Verwertung ist ihm aber aktuell nicht möglich. Da er über keine anderen finanziellen Ressourcen verfügt, besteht zum Jahresanfang ein Anspruch auf Elternunterhalt gegen den erwachsenen Sohn. Im Herbst des Folgejahres kann – und muss – der Elternteil sein Vermögen auflösen. Die freiwerdenden Mittel führen dazu, dass er ab dem Moment, in dem er über das Geld verfügt, keinen Elternunterhalt mehr beanspruchen kann. Drei Jahre später ist das Kapital aufgezehrt, ohne dass man dem Elternteil den Vorwurf machen kann, es verschleudert zu haben. Jetzt ist er wieder ohne eigenes Einkommen und damit unterhaltsbedürftig. Erneut setzt die Unterhaltspflicht des Sohnes ein.

Im Regelfall wird der Elternunterhalt laufend in monatlich gleicher Höhe gezahlt. Daneben gibt es aber auch Unterhaltsansprüche, die einmalig bzw. unregelmäßig anfallen können. Hierbei handelt es sich um Sonderbedarf, der wegen eines außergewöhnlich hohen Kostenaufwandes geschuldet wird. Der Unterschied zwischen laufendem und Zusatzbedarf wird erläutert an folgendem Beispiel:

Beispiel: Die hilfebedürftige Mutter wohnt noch in ihrer eigenen Wohnung. Wegen ihrer kleinen Rente ist sie aber bereits auf laufenden Elternunterhalt angewiesen, wenn auch nur geringfügig. Bei einem Sturz zieht sie sich einen Oberschenkelhalsbruch zu. Nach einem Aufenthalt im Krankenhaus und anschließenden Reha-Maßnahmen kann sie wieder allein in ihrer Wohnung leben. Für die Behandlung kommt ihre Krankenkasse nicht vollständig auf. Hier hat sie einen krankheitsbedingten Mehrbedarf, für den der Sohn als Sonderbedarf aufzukommen hat. Im Übrigen ändert sich aber an seinen laufenden Unterhaltszahlungen an die Mutter nichts.
Anders verhält es sich, wenn die Mutter nach dem Oberschenkelhalsbruch auf Dauer pflegebedürftig wird und in einem Heim leben muss. Jetzt bestimmen die regelmäßig für die Heimunterbringung anfallenden Kosten ihren Lebensbedarf. Damit hat der Sohn im Rahmen seiner finanziellen Möglichkeiten für diesen Mehrbedarf in Form von laufendem Elternunterhalt aufzukommen.

Im Zusammenhang mit dem Elternunterhalt bestehen auf beiden Seiten Nebenpflichten wie etwa die Pflicht, wechselseitig Auskunft über die eigenen wirtschaftlichen Verhältnisse zu geben. Außerdem haben beide Beteiligte aus dem Schuldverhältnis Obliegenheiten, wie etwa den anderen nicht zu schädigen, eigene Finanzmittel bestmöglich zu verwerten etc.

II. Kreis der Unterhaltspflichtigen

Verwandte in gerader Linie sind verpflichtet, einander Unterhalt zu gewähren (§ 1601 BGB). Diese Vorschrift deckt den gesamten Bereich des Verwandtenunterhaltes ab. Gleichzeitig enthält sie aber auch eine deutliche Einschränkung: Zu Unterhaltszahlungen können nur die Verwandten herangezogen werden, die in gerader Linie mit dem Hilfebedürftigen verwandt sind.

§ 1601 BGB

Verwandte in gerader Linie sind verpflichtet, einander Unterhalt zu gewähren.

Die übrigen Verwandten in der Seitenlinie wie Geschwister, Onkel/Tante, Neffe/Nichte, fallen nicht in den Kreis der möglichen Unterhaltsschuldner. Auch der Träger der Sozialhilfe muss sich strikt daran halten. Die Kosteneinziehung erfolgt ausschließlich über das Unterhaltsrecht nach dem BGB. Deshalb darf auch der Sozialhilfeträger die Verwandten in der Seitenlinie nicht zum Elternunterhalt heranziehen. In der anwaltlichen Beratung löst diese Auskunft regelmäßig bei diesen Angehörigen große Erleichterung aus. Die gleiche Beschränkung gilt für Verschwägerte und für die Stiefkinder des Hilfebedürftigen. Auch der Ehegatte des unterhaltspflichtigen Kindes schuldet dem Schwiegervater/der Schwiegermutter – grundsätzlich – keinen Elternunterhalt.

III. Nachrangigkeit des Elternunterhaltes

Trotz aller Bereitschaft, für den Lebensbedarf der Eltern aufzukommen, kann für das auf Elternunterhalt in Anspruch genommene Kind folgendes Problem auftauchen: Neben dem bedürftigen Elternteil hat es noch eine eigene Familie, die von ihm ebenfalls finanziell unterstützt werden muss. Für alle unterhaltsbedürftigen Angehörigen reichen aber seine Mittel nicht aus. Soll das knappe Geld unter allen Unterhaltsgläubigern gleichmäßig aufgeteilt werden oder gibt es hier andere Verteilungsvorschriften im Mangelfall? Enkelkinder sind hingegen nach der gesetzlichen Definition Verwandte in gerader Linie. Für sie gilt im Sozialrecht die Besonderheit, dass im Verhältnis zu ihnen Unterhaltsansprüche nicht auf den Träger der Sozialhilfe übergehen.

§ 94 Abs. 1 Satz 3 SGB XII

Enkelkinder als Verwandte in gerader Linie 2. Grades sind vor der Inanspruchnahme auf Unterhalt für ihre Großeltern geschützt, weil das Sozialamt diese Ansprüche nicht auf sich überleiten kann.

Es kommt nicht selten vor, dass neben der Verpflichtung für die bedürftigen Eltern auch noch andere Unterhaltspflichten bestehen. Wer zum Beispiel noch Unterhalt für den geschiedenen Ehepartner und seine in der Ausbildung befindlichen Kinder zahlt wird häufig zu wenig Geld haben, um alle Unterhaltsansprüche bedienen zu können. Der Gesetzgeber hat daher folgenden Weg gewählt: Je nach Art ihres Anspruches werden die einzelnen Unterhaltsgläubiger untergliedert und in verschiedene Gruppen zusammengefasst. Zwischen den jeweiligen Gruppen besteht eine feste Rangfolge, nach der die darin erfassten – gleichrangigen – Gläubiger mit ihrem Unterhaltsanspruch zum Zuge kommen. Die in einer Gruppe aufgeführten Unterhaltsberechtigten werden mit ihrem individuellen Bedarf (Einsatzbetrag) gleichmäßig an dem knappen Geld des Unterhaltspflichtigen beteiligt, notfalls mit einer prozentualen Quote, wenn sein Einkommen zur vollständigen Bedarfsdeckung aller nicht ausreicht.

Bei gleichrangigen Unterhaltsberechtigten sieht eine einfache **Mangelfallberechnung** folgendermaßen aus:

E × V : S = K

E = Einsatzbetrag; V = Verteilungsmasse (Einkommen des Verpflichteten abzüglich Selbstbehalt);

S = Summe der Einsatzbeträge aller Berechtigten; K = prozentuale Kürzung des Unterhalts.

Beispielsrechnung: Monatlicher Unterhaltbedarf von A: 300 EUR, von B: 250 EUR und von C: 200 EUR. Nach Abzug von berücksichtigungsfähigen Kosten und unter Wahrung seines Selbstbehaltes verbleibt auf Seiten des Verpflichteten ein Einkommen von 500 EUR im Monat.

Mangelfallberechnung für A: 300 EUR × 500 EUR: 750 EUR = 200 EUR

Mangelfallberechnung für B: 250 EUR × 500 EUR: 750 EUR = 167 EUR aufgerundet;

Mangelfallberechnung für C: 200 EUR × 500 EUR: 750 EUR = 133 EUR abgerundet

Auf diese Weise verteiltes Einkommen 500 EUR

Wird das zur Verfügung stehende Einkommen des Verpflichteten nicht vollständig für die vorrangig berechtigte Gläubigergruppe aufgebraucht, steht das restliche Geld für die Unterhaltsberechtigten in der nachfolgenden Gruppe zur Verfügung. Auch hier erfolgt dann wieder nach der mitgeteilten Formel eine anteilige Aufteilung des Geldes gemäß dem jeweiligen Einsatzbetrag.

Der Wille des Gesetzgebers war es von jeher, der eigenen Familie des Unterhaltspflichtigen den Vorrang vor dessen Herkunftsfamilie einzuräumen. Dem Unterhaltsanspruch von minderjährigen Kindern wurde dabei die oberste Priorität beigemessen.

Seit der letzten Reform des Unterhaltsrechts im Jahr 2008 sieht die **Prioritätenliste** nach § 1609 BGB folgendermaßen aus:

Sind mehrere unterhaltsberechtigte Personen vorhanden und ist der Unterhaltspflichtige außerstande, allen Unterhalt zu gewähren, besteht folgende **Rangfolge**:

- erstrangig sind die Unterhaltsansprüche der minderjährigen Kinder und der sog. privilegierten volljährigen Kinder, die also zwischen 18. und 21. Jahre alt sind, sich noch in der allgemeinen Schulausbildung befinden und noch im elterlichen Haushalt leben;
- an zweiter Stelle stehen die Personen, die, mit dem Pflichtigen verheiratet oder auch nicht, wegen Kindesbetreuung unterhaltsberechtigt sind oder im Falle einer Scheidung wären sowie geschiedene Ehegatten, deren Ehe mit dem Pflichtigen von langer Dauer und mit ehebedingten Nachteilen versehen war;
- an dritter Stelle werden die übrigen Ehegatten berücksichtigt;
- an vierter Rangstelle kommen die nicht privilegierten volljährigen Kinder zum Zuge;
- an fünfter Stelle steht der Unterhaltsanspruch von Enkelkindern und weiteren Abkömmlingen;
- an sechster Stelle kommt der Elternunterhalt und
- an siebter Stelle sind die Unterhaltsansprüche der weiteren Verwandten in aufsteigender Linie (Großeltern/Urgroßeltern) zu berücksichtigen, wobei unter diesen wiederum die Näheren den weiter Entfernten vorgehen.

Fazit:

Die eigene, möglichst große Familie mit vielen Berechtigten der Rangstellen 1–5 kann vor der Verpflichtung zum Elternunterhalt schützen.

IV. Kinder als Teilschuldner

Mehrere Kinder schulden als gleich nahe Verwandte allesamt Unterhalt, jedoch jedes einzelne Kind nur anteilig. Jedes der Kinder haftet nur für den Teil, der im Vergleich zu den Geschwistern seinen wirtschaftlichen Verhältnissen entspricht. Die Kinder sind also Teilschuldner. Der Elternteil kann nicht selbst bestimmen, gegenüber welchem Kind er seine Unterhaltsforderung ganz oder teilweise geltend macht. Es ist vielmehr die Pflicht des Unterhaltsberechtigten, nach vorheriger Überprüfung der individuellen Einkommensverhältnisse, jedes der Kinder mit dem ermittelten Haftungsanteil in Anspruch zu nehmen.

Die **Haftungsquote** mehrerer gleichrangiger Unterhaltspflichtiger richtet sich nach ihren Einkommens- und Vermögensverhältnissen (§ 1606 Abs. 3 BGB) nach folgender Formel:

$$\frac{\text{Unterhaltsrelevantes Einkommen jedes einzelnen Kindes} \times \text{Gesamtbedarf des Elternteils}}{\text{Summe der unterhaltsrelevanten Einkommen aller unterhaltspflichtigen Kinder.}}$$

Beispiel: Der unterhaltsbedürftige Vater hat einen nicht von seinen eigenen Einkünften gedeckten Unterhaltsbedarf von 800 EUR im Monat. Sein Sohn A verfügt nach allen unterhaltsrelevanten Abzügen über ein Einkommen von 1.400 EUR. Der zweite Sohn B hat ein unterhaltsrelevantes Einkommen von 600 EUR. Hier sieht die Rechnung dann wie folgt aus:

$$\text{Haftungsquote A:} \quad \frac{1.400 \text{ EUR} \times 800 \text{ EUR}}{2.000 \text{ EUR}} = 560 \text{ EUR}$$

$$\text{Haftungsquote B:} \quad \frac{600 \text{ EUR} \times 800 \text{ EUR}}{2.000 \text{ EUR}} = 240 \text{ EUR}$$

Ist das Ergebnis einer oft umfangreichen und langwierigen Berechnung des Einkommens, dass nicht alle Kinder in der Lage sind, einen Beitrag zum Elternunterhalt zu leisten, steigt der Haftungsanteil der anderen, leistungsfähigen Kinder.

V. Bedarf, Bedürftigkeit und Leistungsfähigkeit

Alle Unterhaltsansprüche unterliegen einem bestimmten Schema. Drei zentrale Begriffe spielen dabei eine Rolle:

- Bedarf: Wie viel Geld benötigen die Eltern?
- Bedürftigkeit: Reicht das eigene Einkommen der Eltern aus, den Bedarf zu decken, oder nicht?
- Leistungsfähigkeit: Sind die Kinder in der Lage, aus den bei ihnen vorhandenen Mitteln eine bei den Eltern entstandene finanzielle Lücke zu schließen, ohne dadurch die eigene Existenz oder die ihrer vorrangigen Angehörigen zu gefährden?

Bedürftigkeit und Leistungsfähigkeit müssen immer zum selben Zeitpunkt vorliegen. Wer nicht bedürftig ist, erhält genauso wenig Unterhalt wie derjenige, der bedürftig ist, dessen Kinder aber den Unterhalt mangels Leistungsfähigkeit nicht aufbringen können.

Aus Sicht der Unterhaltspflichtigen ist die **Leistungsfähigkeit** der zentrale Begriff im Rahmen des Elternunterhaltes. Der Bedarf der Eltern kann noch so hoch sein – wenn ohne Einschränkung seiner vorrangigen Verpflichtungen ein Kind zu Zahlungen nicht in der Lage ist, muss es keinen Unterhalt zahlen. Auf der Ebene der Leistungsfähigkeit werden die häufigsten Diskussionen mit dem Träger der Sozialhilfe geführt, hauptsächlich zu der Frage, welche Positionen vom Einkommen abzugsfähig sind und welche nicht anzuerkennen sind. Weiterhin Gültigkeit hat die grundlegende Entscheidung des **Bundesgerichtshofs** aus dem Jahr 2002:

> „Eine spürbare und dauerhafte Senkung seines berufs-und einkommenstypischen Unterhaltsniveaus braucht der Unterhaltsverpflichtete jedenfalls insoweit nicht hinzunehmen, als er nicht einen nach den Verhältnissen unangemessenen Aufwand betreibt oder ein Leben im Luxus führt. Das gilt insbesondere vor dem Hintergrund, dass eine Inanspruchnahme für den Unterhalt von Eltern in der Regel erst stattfindet, wenn der Unterhaltsverpflichtete sich selbst bereits in einem höheren Lebensalter befindet, seine Lebensverhältnisse demzufolge bereits längerfristig seinem Einkommensniveau angepasst hat, Vorsorge für sein eigenes Alter treffen möchte und dann unerwartet der Forderung ausgesetzt wird, sich an den für seine Eltern aufgrund deren Hilfs-oder Pflegebedürftigkeit anfallenden Kosten zu beteiligen." (BGH Urteil vom 23.10.2002 – XII ZR 266/99, FamRZ 2002, 1698).

Auch das Recht des Trägers der Sozialhilfe reicht nur so weit, wie der sorgfältig zu ermittelnde Unterhaltsanspruch nach dem BGB. Anders als etwa bei der Einziehung einer Gebührenforderung wird er hier also nicht öffentlich-rechtlich tätig. Teilweise ist immer noch zu beobachten, dass Behörden die Unterhaltsforderung ähnlich handhaben wie z. B. Steuern und versuchen, die Forderung zwangsweise durch eigene Beamte einzuziehen. Das ist unzulässig, denn die Behörden sind in keiner anderen Lage als die Eltern, die ihre Ansprüche auf Unterhalt vor dem Familiengericht durchsetzen müssen. Für Behörden gilt im Rahmen des Elternunterhaltes somit keine Sonderregelung.

Tipp:

Ohne einen entsprechenden Beschluss des Familiengerichts gibt es auch keine zwangsweise Durchsetzung von Unterhaltsansprüchen. Entsprechende Androhungen der Behörde ohne einen solchen Beschluss sind rechtswidrig und daher angreifbar.

Das Kind muss sich auch nicht darauf einlassen, ein vom Träger der Sozialhilfe angebotenes Darlehen anzunehmen. Diese Auffassung vertrat das Bundesverfassungsgericht in seiner grundlegenden Entscheidung zum Elternunterhalt aus dem Jahre 2005 in folgendem Fallbeispiel:

Beispiel: Der Träger der Sozialhilfe hatte eine Tochter verklagt, für die bis zum Tod ihrer Mutter angefallenen Heimpflegekosten aufzukommen. Konkret forderte er eine Kostenbeteiligung von 123.000 DM. Die beklagte Tochter machte geltend, sie sei nicht in der Lage, eine derart hohe Summe zu finanzieren. Sie verfüge nur über geringfügiges Erwerbseinkommen aus einer Halbtagsarbeit und eine Verwertung des von ihr selbst bewohnten Hausgrundstückes sei ihr nicht zuzumuten. Sie könne weder zu einem Verkauf der Immobilie gezwungen werden noch habe sie finanziell die Möglichkeit, auf dem freien Markt einen Kredit aufzunehmen. Während des laufenden Gerichtsverfahrens verstarb die Mutter. Der Hilfeträger vertrat bis zuletzt die Auffassung, sie könne auf ihr Grundstück einen entsprechend hohen Kredit aufnehmen und sei damit ausreichend leistungsfähig. Konkret sollte sie zur Annahme eines vom Hilfeträger angebotenen zinslosen Darlehens verpflichtet werden, das ihr dieser nach dem Tod der Mutter angeboten hatte. Das Amtsgericht wies die Klage zwar mangels Leistungsfähigkeit der Tochter ab, doch gab das Berufungsgericht der Forderung des Sozialamtes im Wesentlichen Recht. Daraufhin hatte die beklagte Tochter Verfassungsbeschwerde eingelegt. Das Verfassungsgericht hob letztlich das Berufungsurteil mit Blick auf die wirtschaftlichen Verhältnisse der Tochter auf und befand, dass in der Zeit, in der die Kosten für die Heimunterbringung angefallen waren, die Tochter nicht leistungsfähig war und damit keine Unterhaltpflicht bestanden habe. Es konnte ihr auch nicht zugemutet werden, sich beim Sozialhilfeträger in der verlangten Weise zu verschulden. Es ginge nicht an, dass sie erst über das Darlehen mit gleichzeitiger Eintragung einer Grundschuld auf ihrem Haus in die Lage versetzt wird, die Heimkosten zu begleichen (BVerfG Urteil vom 7.6. 2005, FamRZ 2005, 1051).

VI. Unterhaltsbedarf der Eltern

Die Höhe des geschuldeten Unterhalts richtet sich nach dem Lebensbedarf des Elternteils. Er umfasst die gesamten Lebenshaltungskosten einschließlich der Kosten für eine angemessene Kranken- und Pflegeversicherung.

1. Allgemeiner Bedarf

Der Elternunterhalt bestimmt sich dabei nicht nach festen Beträgen, die alle Berechtigten in gleicher Weise beanspruchen können, wie etwa beim Unterhaltsanspruch von den regulären volljährigen Kindern. Es kommt vielmehr allein auf die wirtschaftlichen Verhältnisse des Unterhaltsberechtigten an. Dafür spielen seine früheren Einkommens- und Vermögensverhältnisse eine wichtige Rolle. Gleichzeitig ist aber auch zu berücksichtigen, dass sich sein früherer Lebensstandard durch den Ruhestand in der Regel verringert hat. Die Lebensstellung der Eltern passt sich diesen nachteiligen Veränderungen an. In jedem Fall muss für das **Existenzminimum als Untergrenze** gesorgt werden.

> „Als angemessener Unterhalt müssen aber auch bei bescheidenen wirtschaftlichen Verhältnissen diejenigen Mittel angesehen werden, durch die das Existenzminimum der Eltern sichergestellt werden kann und die demgemäß als Untergrenze des Bedarfs zu werten sind" (BGH Urteil vom 19.2.2003, FamRZ 2003, 860).

In Anlehnung an den Selbstbehalt, der einem nicht erwerbstätigen Pflichtigen gegenüber dem Unterhaltsanspruch eines minderjährigen Kindes zusteht, kann das Existenzminimum eines Elternteils aktuell mit 960 EUR im Monat angesetzt werden. Bei einer Unterbringung im Heim werden die Kosten regelmäßig höher liegen.

Was im Einzelfall angemessen und erforderlich ist, hängt immer von den jeweiligen Umständen ab. Bewohnt der ältere Mensch etwa noch immer die für ihn allein viel zu große Familienwohnung, sind nur die Mietkosten einer kleineren Wohnung anzusetzen, wenn es preisgünstigeren Wohnraum gibt und ihm ein Umzug zuzumuten ist. Kann der Elternteil bei dieser Gelegenheit beim Kind selbst oder bei einem seiner Geschwister unterkommen, stellt sich die Unterhaltsfrage neu. Auch hier muss wieder die Gesamtsituation gewürdigt werden. Leistet ein Kind auf diese Weise mehr an Elternunterhalt als es nach seiner Haftungsquote schuldet, müssen sich die anderen Unterhaltspflichtigen an den Kosten für Logis, den allgemeinen Lebenshaltungskosten sowie ggf. den Pflegeaufwendungen beteiligen.

2. Bedarf im Pflegeheim

Grundsätzlich setzt sich der Bedarf eines Elternteils im Pflegeheim aus den tatsächlich anfallenden Heimkosten und einem Taschengeld in Höhe von aktuell 116,64 EUR (Stand 1. Januar 2020) zusammen. Durch die Entscheidung oder die Notwendigkeit, sich in ein Pflegeheim zu begeben steigen die Kosten erheblich. Die Entscheidung eines Elternteils, die eigene Wohnung zugunsten eines Seniorenheims aufzugeben, muss die unterhaltspflichtige Verwandtschaft nicht widerspruchslos hinnehmen. Bei berechtigtem Anlass können die Kinder etwa geltend machen, der Umzug sei nicht erforderlich und damit den erhöhten Unterhaltsbedarf bestreiten. Auch wenn der Unterhaltspflichtige die Aufgabe der eigenen Wohnung für geboten hält, kann er gleichwohl dann immer noch die Angemessenheit der Unterbringungskosten als überhöht kritisieren, wenn dazu Veranlassung besteht. Wurde kein Pflegegrad bewilligt ist dies ein Indiz dafür, dass auch die Unterbringung in einem Pflegeheim nicht erforderlich ist. Gegebenenfalls muss diese Frage aber durch ärztliche Gutachten geklärt werden. Gibt es kostengünstigere Alternativen zu dem gewählten Heim, entsprechen die tatsächlich für die gehobene Unterbringung geltend gemachten Aufwendungen nicht dem unterhaltsrechtlich geschuldeten Bedarf des Elternteiles. Wie auch sonst im Unterhaltsrecht ist der Unterhaltsberechtigte verpflichtet, auf die finanziellen Belange des unterhaltspflichtigen Kindes Rücksicht zu nehmen. Selbst Kinder mit ausgesprochen guten Einkommensverhältnissen müssen ihren Eltern keine luxuriöse Unterbringung bezahlen. Ansonsten gilt: Der sozialhilfebedürftige Unterhaltsberechtigte ist grundsätzlich nicht darauf beschränkt, die Kosten der Heimunterbringungen zum einzigen Auswahlkriterium zu erheben. Hat er die Wahl zwischen mehreren Heimen im unteren Preissegment, steht ihm insoweit ein Entscheidungsspielraum zu. Außerhalb dieses Preissegments hat er demgegenüber besondere Gründe vorzutragen, aus denen sich ergibt, dass die Wahl des Heims aus dem unteren Preissegment nicht zumutbar war (BGH Beschluss vom 7.10.2015, FamRZ 2015, 2138). Auch kann nicht verlangt werden, dass der Elternteil in eine gänzlich andere Region zieht, nur weil dort die Heimkosten günstiger sind (OLG Karlsruhe Urteil vom 28.7.2010, FamRZ 2010, 2083).

Wird der alte Mensch in einem Pflegeheim untergebracht und bezieht er hierfür Pflegegeld, stellt sich in der Regel die Frage nach der Notwendigkeit der Unterbringung in einem Heim nicht. Hier überprüft bereits die Pflegegeldkasse verbindlich die Art und den Umfang der Pflegebedürftigkeit, um den Pflegebedürftigen in einen der fünf Pflegegrade einzuordnen (§ 15 SGB XI). Das führt aber nicht zwingend dazu, dass das unterhaltspflichtige Kind alle in Rechnung gestellten Aufwendung via Elternunterhalt zahlen muss. Im Einzelfall kann es berechtigte Einwände gegen Umfang und Höhe der geltend gemachten Pflegekosten erheben.

Tipp:

Wenn möglich, sollte die Auswahl des Heimes oder der Seniorenwohnung nicht dem alten Menschen allein oder dem Sozialamt überlassen werden. Wenn sich das erwachsene Kind einschaltet, kann es sich selbst einen genauen Überblick über die in Betracht kommenden Unterbringungsmöglichkeiten und die damit verbundenen Kosten verschaffen. Sind mehrere Kinder vorhanden, bietet sich eine klare Abstimmung im Vorfeld an. Die Unterbringungskosten sind regional sehr unterschiedlich. Einige Krankenkassen haben Vergleichsportale eingerichtet wie zum Beispiel www.pflegelotse.de (vdek) oder www.pflege-navigator.de (AOK). Eventuell kann ein Kind auch den hilfebedürftigen Elternteil bei sich aufnehmen und die häusliche Pflege organisieren.

3. Investitionskosten

Ein besonderes Problem aus Sicht der Sozialämter stellt sich bei den Gesamtkosten, wenn ein Elternteil in einem Pflegeheim untergebracht ist. Die Heimkosten setzten sich in der Regel aus drei verschiedene Positionen zusammen, nämlich

- den Kosten für Unterkunft und Ernährung (sogenannte Hotelkosten)
- den Pflegekosten und
- den Investitionskosten.

Pflegekosten berechnet das Heim für die Pflegeleistungen. Sie machen den größten Anteil aus und sind abhängig vom Umfang der

Pflege. Investitionskosten sind die Kosten, die der Betreiber des Heims für die Errichtung und Erhaltung des Pflegeheims kalkuliert und über eine Vergütungsvereinbarung nach §§ 75 ff. SGB XII an die Sozialhilfeträger weitergibt. Erhaltung und Renovierung fallen nach § 9 SGB XI in den Verantwortungsbereich der Länder denn es ist im Rahmen der Vorsorge ihrer Aufgabe, eine ordnungsgemäße Versorgung mit Pflegeeinrichtungen bereitzustellen. Die Finanzierung ist in den Bundesländern unterschiedlich geregelt. In der Praxis ist die Frage daher umstritten, ob im Rahmen der Überleitung von Unterhaltsansprüchen die Sozialbehörden diese Kosten an die unterhaltspflichtigen Kinder weitergeben dürfen. Häufigstes Argument ist es, dass es nicht Aufgabe des Elternunterhaltes sein kann, staatliche Aufgaben zu finanzieren. Ferner wird argumentiert, dass die Investitionskosten nicht unter den Bestandteilen der Sozialhilfe in § 8 SGB XII aufgeführt sind. Als Gegenargument wird angeführt, dass nach § 94 SGB XII ein Rückgriff auf die Kinder erfolgen kann „bis zur Höhe der geleisteten Aufwendungen". Wenn daher die Aufwendungen erbracht werden soll dies dafür sprechen, dass sie auch den unterhaltspflichtigen Kindern in Rechnung gestellt werden dürfen. Allerdings haben die Träger der Sozialhilfe ein anderes – praktisches – Problem. Aufgrund des Beschlusses des Bundesgerichtshofs vom 17.6.2015 (XII ZB 458/14; FamRZ 2015, 1594) trifft den Träger der Sozialhilfe die Pflicht, die exakte Höhe der Investitionskosten darzulegen und zu beweisen. Dabei reichen weder der Hinweis auf die Gesamthöhe der Investitionskosten, wie sie sich aus dem Heimvertrag ergeben aus, noch die Darlegung der pauschalen in der Vergütungsvereinbarung zwischen Heim und Sozialhilfeträger. Vor den Familiengerichten sind viele Sozialämter gescheitert, weil sie diesen Anforderungen nicht genüge tun konnten. Die vereinbarten Pauschalen spiegeln nicht die realen Kosten wieder und werden zum Teil einfach fortgeschrieben und nicht an reale Kostensteigerungen angepasst. Daher unternehmen die Träger der Sozialhilfe häufig den Versuch, diese Pauschalen als Nachweis anerkannt zu bekommen, dringen jedoch damit vor den Gerichten nur sehr selten durch (vgl. OLG Karlsruhe vom 31.7.2014 – 16 UF 129/13).

VII. Bedürftigkeit der Eltern

Bedürftigkeit ist der nicht durch eigene Mittel gedeckte Bedarf. Betagte Menschen können nur dann Unterhalt beanspruchen, wenn sie ihren Lebensbedarf nicht aus eigener Kraft bestreiten können, also bedürftig sind.

1. Eigenes Einkommen

Beim Erwachsenenunterhalt ist der Grundsatz der wirtschaftlichen Eigenverantwortung das oberste Gebot: Jeder Elternteil ist verpflichtet, im Rahmen seiner Möglichkeiten selbst für seinen Lebensunterhalt aufzukommen. Dafür muss er bis zum Beginn des Rentenalters nach seinen individuellen Möglichkeiten seine verfügbare Arbeitskraft und das hieraus erzielte Erwerbseinkommen einsetzen. Er hat seine Arbeitskraft voll auszuschöpfen. Erzielt er in vorwerfbarer Weise kein Erwerbseinkommen, können ihm in Höhe des möglichen Arbeitseinkommens fiktive Einkünfte zugerechnet werden, die dann ebenfalls seine Bedürftigkeit mindern.

Kommt alters- oder krankheitsbedingt eine berufliche Betätigung nicht mehr in Betracht, gehören sämtliche Rentenbezüge – etwa gesetzliche Renten, Betriebsrenten, die Zusatzversorgung im Öffentlichen Dienst (VBL) usw. – zum unterhaltsrechtlich relevanten Einkommen. Die Grundrente nach dem Bundesversorgungsgesetz zählt ebenso dazu wie Renten oder Beihilfen nach dem Bundesentschädigungsgesetz. Auch Schmerzensgeld ist als Einkommen zu berücksichtigen.

Der unterhaltsbedürftige Elternteil hat alle sonstigen Einkommensquellen auszuschöpfen wie z. B. Mieteinkünfte, Einkünfte aus Wohn- oder Nießbrauchrechten sowie aus Kapitalvermögen. Was im Einzelnen alles zum Einkommen zählt, richtet sich beim hilfebedürftigen Elternteil nach den gleichen Grundsätzen wie beim unterhaltspflichtigen Kind. Deshalb wird grundsätzlich auf das Kapitel „Das unterhaltsrelevante Einkommen“ (S. 61 ff.) verwiesen.

Auch das Vermögen selbst muss er für seinen Lebensunterhalt einsetzen. Außerdem ist er gehalten, seine Unterhaltsansprüche gegen vorrangig haftende (Ex-) Ehepartner zu realisieren. Nur wenn er trotz allem nicht in der Lage ist, für seinen Lebensunterhalt allein zu sorgen, kann er an seine Kinder herantreten. Vermögen, dass der Elternteil innerhalb der letzten zehn Jahre verschenkt hat (Stichwort: vorweggenommene Erbfolge) kann und wird das Sozialamt zurückfordern (§ 528 BGB).

2. Grundsicherung

Die Sozialhilfe, die ein Elternteil mangels ausreichender Einkünfte beanspruchen muss, zählt regelmäßig nicht zu seinem Einkommen. Hiervon gibt es jedoch mit den **Leistungen nach der Grundsicherung** eine gewichtige Ausnahme: Der hilfebedürftige Elternteil hat unter bestimmten Voraussetzungen Anspruch auf diese Form der staatlichen Unterstützung, um damit seine Grundsicherung im Alter und bei Erwerbsminderung sicherzustellen. Die Gewährung der finanziellen Hilfen beruht auf dem Gedanken, „verschämte" beziehungsweise „versteckte" Armut bei Menschen zu vermeiden, die über keine ausreichende Altersversorgung verfügen und ihren Lebensunterhalt auch nicht auf andere Weise bestreiten können. Wie die Erfahrung lehrte, hatten vor der Einführung der Grundsicherung viele hilfebedürftige Elternteile trotz Berechtigung keine Sozialhilfe beantragt aus Sorge, ihre Kinder könnten deswegen vom Staat im Wege des Rückgriffs zum Elternunterhalt herangezogen werden. Deshalb entschloss sich der Gesetzgeber, unter bestimmten Bedingungen den täglichen Lebensbedarf von alten Menschen mit staatlicher Hilfe ohne Rückgriff auf ihre leiblichen Abkömmlinge zu decken. Im Januar 2003 trat hierzu das Gesetz zur Grundsicherung in Kraft. Seit dem 1. Januar 2005 sind diese Vorschriften Bestandteil des Sozialgesetzbuchs XII (§§ 41 ff SGB XII). Die Leistungen der Grundsicherung sollen den grundlegenden Bedarf für die Menschen abdecken, die wegen Alters oder auf Grund voller Erwerbsminderung endgültig aus dem Erwerbsleben ausgeschieden sind und

- deren eigenes Einkommen und Vermögen für den notwendigen Lebensunterhalt nicht ausreicht beziehungsweise
- sie ihren Lebensunterhalt nicht aus dem Einkommen und dem Vermögen des nicht getrennt lebenden Ehegatten oder des eheähnlichen Partners – soweit es deren Eigenbedarf übersteigt – bestreiten können.

Keinen Anspruch auf Leistungen haben die Personen, die ihre Bedürftigkeit in den zurückliegenden zehn Jahren vorsätzlich oder grob fahrlässig herbeigeführt haben, etwa durch Verschenken ihres Vermögens.

Die Altersgrenzen für die Hilfeleistung sind wie folgt gestaffelt: Hilfebedürftige bis zum Geburtsjahrgang 1946 sind ab dem vollendeten 65. Lebensjahr leistungsberechtigt. Für die Folgejahrgänge ist die Altersgrenze stufenweise angehoben. Diejenigen, die ab 1964 geboren wurden, können erst mit 67 Jahren die Grundsicherung beziehen.

Ein Anspruch auf Grundsicherung entfällt, wenn das Jahreseinkommen der Kinder über 100.000 EUR brutto liegt. In diesem Fall wird der Anspruchsteller auf die nachrangige Hilfe zum Lebensunterhalt verwiesen. Unter dem jährlichen Gesamteinkommen ist die **Summe der Einkünfte** im Sinne des Einkommensteuerrechts zu verstehen (§ 16 SGB IV). Es erfasst insbesondere das Arbeitsentgelt und das Arbeitseinkommen (§ 43 Abs. 1 Satz 2 SGB XII).

Erzielt auch nur eines der Kinder ein Jahreseinkommen von 100.000 EUR, besteht nach Auffassung des BGH für den bedürftigen Elternteil kein Anspruch auf Leistungen der Grundsicherung. Dabei bezieht er sich auf den klaren Wortlaut des Gesetzes. Die Unterhaltspflicht der Kinder, deren Einkommen unter 100.000 EUR liegt, wird jedoch fiktiv so berechnet, als würde der bedürftige Elternteil die möglichen Leistungen der Grundsicherung beziehen (BGH Beschluss vom 8.7.2015, FamRZ 2015, 1467).

In der Reform des Elternunterhalts ab 1. Januar 2020 wurden die Voraussetzungen für die Grundsicherung mit dem Verbot synchronisiert, bei Kindern mit einem Einkommen unter 100.000 EUR Rückgriff zu nehmen. Damit wird in den Fällen nach neuem Recht nur derjenigen Anspruch genommen, dessen Eltern aufgrund dieser

Einkommensgrenze keinen Anspruch auf Grundsicherung haben. Die Regelung gilt aber für noch nicht abgeschlossene Fälle mit Unterhaltsberechnungen für die Jahre vor 2020 weiter.

Tipp:

Reichen die eigenen Einkünfte des Elternteils nicht aus, seinen Lebensbedarf allein zu bestreiten, sollte immer überprüft werden, inwieweit Leistungen der Grundsicherung in Betracht kommen. Ein Anspruch hierauf entfällt jedoch schon dann, wenn nur eines der unterhaltspflichtigen Kinder über mehr als 100.000 EUR brutto im Jahr verfügt.

Kraft Gesetzes wird vermutet, dass das Einkommen der bzw. eines der Kinder unterhalb der Grenze von 100.000 EUR liegt. Solange diese Vermutung nicht widerlegt ist, besteht ein Anspruch auf Grundsicherung und der Ausschluss des Rückgriffs auf die Kinder. Inwieweit der Träger der Sozialhilfe schon bei der Antragstellung vom Leistungsberechtigten verlangen kann, Auskunft über die wirtschaftlichen Verhältnisse seiner Kinder zu erhalten, wird unterschiedlich beurteilt. Teils wird vertreten, dass eine generelle Überprüfung der Kinder des Leistungsberechtigten ohne Anhaltspunkte für ein höheres Einkommen im Gesetz nicht vorgesehen ist. Ob der Sozialhilfeträger die Auskunft verlangt, liegt damit in seinem Ermessen und ist vom einzelnen Fall abhängig. Sie kann nicht als Regelabfrage gestaltet werden. Bei Anhaltspunkten für ein Überschreiten der Einkommensgrenze sind die Kinder verpflichtet, ihre Einkommensverhältnisse gegenüber dem Träger der Sozialhilfe offen zu legen. Diese Pflicht zur Auskunft umfasst dann auch die Verpflichtung, auf Verlangen Urkunden vorzulegen bzw. ihrer Vorlage zuzustimmen.

Liegt das maßgebliche Einkommen der Kinder unterhalb von 100.000 EUR, erhält der Elternteil Leistungen nach der Grundsicherung. **Der Unterhaltsanspruch des Bedürftigen geht dadurch jedoch nicht auf den Hilfeträger über.** In § 94 SGB XII, der den Übergang von Unterhaltsansprüchen gegen einen nach bürgerlichem Recht Unterhaltsverpflichteten normiert, wird ausdrücklich geregelt, dass kein Anspruchsübergang erfolgt, soweit die unterhaltsberechtigte Person Grundsicherung bezieht (§ 94 Abs. 3 Satz 1 SGB XII). Damit handelt es sich bei diesen Leistungen um **eigenes Einkommen** des Elternteils. Dieses hat er vorrangig für seinen Unterhaltsbedarf einzusetzen. Die auf Elternunterhalt in Anspruch genommenen Kinder ihrerseits können also verlangen, dass der bedürftige Elternteil die ihm zustehenden Hilfeleistungen in Anspruch nimmt. Nutzt er sie nicht, kann dies dazu führen, dass ihm fiktive Einkünfte in der Höhe der entgangenen Leistungen der Grundsicherung zugerechnet werden (BGH Beschluss vom 8.7.2015, FamRZ 2015, 1467).

3. Vermögen der Eltern

Bevor ein Elternteil seine Kinder auf Unterhalt in Anspruch nehmen kann, ist er verpflichtet, den Stamm seines Vermögens zu verwerten, mit folgender Begründung: Ein – nicht minderjähriger – Unterhaltsberechtigter ist im Verhältnis zu dem Unterhaltspflichtigen grundsätzlich gehalten, vorhandenes Vermögen zu verwerten, soweit ihm dies – auch unter Wirtschaftlichkeitsgesichtspunkten – zumutbar ist (BGH Urteil vom 23.11.2005, FamRZ 2005, 935). Dies ist ihm selbst mit Blick auf die potenziellen Erben zumutbar!

Die Grenze des Vermögenseinsatzes liegt dort, wo dem Unterhaltsberechtigten ein unzumutbarer wirtschaftlicher Nachteil entsteht. Dies ist etwa dann der Fall, wenn man von ihm die Verwertung des Vermögens zu einem Zeitpunkt verlangen würde, zu dem nur ein besonders schlechter Erlös erzielt werden könnte.

Unterhaltsrechtlich gibt es **kein Schonvermögen** wie im Sozialhilferecht. Deshalb muss der Unterhaltsbedürftige auch Vermögen aufbrauchen, das er sich für sein Alter angespart bzw. zurückgelegt hat. Handelt es sich dabei z. B. um eine Lebensversicherung auf Kapitalbasis, ist der Elternteil gehalten, zunächst einmal dieses Vermögen zu verbrauchen, bevor er Elternunterhalt beanspruchen kann.

Das Unterhaltsrecht hat sich aber doch in gewissem Umfang dem Sozialhilferecht angenähert:

- Der Unterhaltsbedürftige kann für plötzlich auftretende Bedarfsfälle eine gewisse Vermögensreserve als **Notgroschen** für sich behalten (BGH Urteil vom 17.12.2003, FamRZ 2004, 370). Dem Hilfebedürftigen soll jedenfalls das Kapital verbleiben, was er auch im Falle von Sozialhilfe behalten kann. Dieser Betrag liegt aktuell bei 5.000 EUR (Stand Juni 2020). Es wird dabei auf § 90 Abs. 2 Nr. 9 SGB XII und die dazu gehörende Durchführungsverordnung Bezug genommen. Dieser Betrag kann im Einzelfall aber auch einmal höher ausfallen.
- Hat der betagte Mensch **Rücklagen für die Beerdigungskosten** und für seine **Grabpflege** gebildet, kann er ebenfalls in aller Regel davon ausgehen, dass er nicht zur Verwertung dieses Kapitals verpflichtet wird. Auch insoweit werden im Unterhaltsrecht Regelungen des Sozialhilferechts aufgegriffen, wonach dieses Vermögen privilegiert behandelt wird: Vermögen mit der konkreten Zweckbindung, damit die Kosten für die Beerdigung und Grabpflege zu bezahlen, sind nach § 90 SGB XII geschützt. Wurden zu diesem Zweck Rücklagen in beträchtlichem Umfang und damit erhebliches Vermögen gebildet, kann es im Einzelfall jedoch streitig sein, ob diese Gelder nicht doch für den eigenen Lebensunterhalt zumindest teilweise aufgebraucht werden müssen. Der Berechtigte kann hier selbst Klarheit schaffen. Hat er das Geld bereits an ein Beerdigungsinstitut gezahlt und die Details für seine Beerdigung und die anschließende Grabpflege vertraglich festgeschrieben, kann auch das Sozialamt schwerlich darüber hinweggehen. Genauso wenig kann dann im Bereich des Unterhaltsrechts vom alten Menschen verlangt werden, dass er dieses Vermögen noch zu Lebzeiten verbraucht.

Schwierig bis unmöglich ist die Vermögensverwertung in den Fällen, in denen der Bedürftige nicht frei über sein Vermögen verfügen kann, etwa weil er nicht alleiniger Eigentümer ist. Häufig gibt es für derartige Verwertungsbeschränkungen einen familienrechtlichen Hintergrund. Gemäß § 1375 BGB darf etwa ein Ehegatte im gesetzlichen Güterstand der Zugewinngemeinschaft nur mit Einwilligung des anderen über sein Vermögen im Ganzen verfügen. Dies gilt auch für einen einzelnen Gegenstand, wenn er das Gesamtvermögen im

Wesentlichen ausmacht. Ist lediglich ein Ehegatte pflegebedürftig und deshalb auf eine Unterbringung im Heim angewiesen, kann sich der andere Ehegatte als Miteigentümer der Immobilie ebenfalls mit Aussicht auf Erfolg einem Verkauf widersetzen mit dem Argument, er wolle es behalten und dort wohnen bleiben. Die Kinder haben in der Regel keine Möglichkeit, dies zu verhindern. Sie können den pflegedürftigen Elternteil nicht auf einen möglichen Verkaufserlös seiner Immobilie verweisen und sich damit von ihrer eigenen Unterhaltspflicht befreien. Vergleichbar ist die Rechtslage, wenn sich der Elternteil in einer Erbengemeinschaft befindet, zu der zum Beispiel eine Immobilie gehört.

Ein Elternteil kann jedoch verpflichtet sein, vorhandenes Vermögen als Sicherheit für einen Kredit zu nutzen, um sich seinen Lebensunterhalt auf Darlehensbasis zu finanzieren. Inwieweit einem Elternteil diese Art der Vermögensverwertung zuzumuten ist, kann wiederum nur am einzelnen Lebenssachverhalt unter Würdigung aller Umstände beurteilt werden. Der BGH erklärte jedenfalls in einer Entscheidung aus dem Jahre 2006: Solange ein Elternteil eigenes Vermögen in Form der Teilhabe an einer ungeteilten Erbengemeinschaft hat und dieses als Kreditunterlage nutzen kann, ist er nicht unterhaltsbedürftig. Diese Forderung erhob er in folgendem Beispielsfall (BGH Urteil vom 23.11.2005, FamRZ 2006, 935):

Beispiel: Eine Mutter hatte einen Sohn auf Zahlung von Elternunterhalt verklagt. Sie selbst lebte im Haushalt eines anderen Sohnes und dessen Ehefrau, von denen sie auch aufgrund ihrer Pflegebedürftigkeit betreut wurde. Außerdem gab es noch einen weiteren Sohn. Die Mutter war nach dem Tod ihres Ehemannes zusammen mit den drei Söhnen zu 1/4 an einer ungeteilten Erbengemeinschaft beteiligt. Zu dem Nachlass gehörte ein Hausgrundstück, das zu einem Kaufpreis von 250.000 DM veräußert wurde. Da die Erbengemeinschaft nicht auseinandergesetzt war, wurde das Geld beim Amtsgericht hinterlegt. Der Erbteil des Sohnes, bei dem die Mutter lebte, war vom Finanzamt gepfändet. Die Mutter hatte ihren Unterhaltsbedarf mit insgesamt 3.466 DM errechnet, der sich zum Großteil aus Kosten für Unterkunft und Verpflegung im Haus ihrer Schwiegertochter zusammensetze. Der beklagte Sohn war der Forderung entgegen getreten mit dem Hinweis darauf, dass die Mutter ihren

Unterhalt aus ihrem Einkommen und Vermögen bestreiten müsse. Sie könne zwar über ihren Anteil am Nachlass noch nicht verfügen, jedoch könne sie ihr Vermögen als Grundlage für einen Kredit nutzen. Tatsächlich hatte die Mutter nach ihren eigenen Äußerungen bei ihrer Schwiegertochter einen Kredit aufgenommen. Sie hatte sich zur Zahlung von Betreuungs- und Pflegekosten verpflichtet, was ihr jedoch gestundet war. Der BGH hielt aufgrund dessen die Mutter für verpflichtet, ihr Vermögen auch weiterhin als Kreditbasis zu nutzen.

VIII. Leistungsfähigkeit der Kinder

Aus der Sicht des Unterhaltspflichtigen ist die Leistungsfähigkeit der zentrale Begriff, denn sie beantwortet die Frage, wie viel Unterhalt von ihm anhand seiner persönlichen Lebenssituation verlangt werden kann. Für Zeiträume, in denen die erforderliche Leistungsfähigkeit nicht gegeben ist, entsteht auch kein Unterhaltsanspruch.

Tipp:

Für Zeiten, in denen die Faktoren Bedürftigkeit (der Eltern) und Leistungsfähigkeit (des Kindes) nicht gleichzeitig vorhanden sind, besteht keine Pflicht, Unterhalt zu zahlen. Behörden versuchen bisweilen, vorübergehende Phasen der Leistungsunfähigkeit (z.B. Verlust des Arbeitsplatzes) erst einmal festzuschreiben und die Rückstände später einzufordern. Dies ist unzulässig, weil gar keine Rückstände entstehen können, wenn jemand nicht verpflichtet ist, Zahlungen zu leisten.

Daher müssen Bedürftigkeit und Leistungsfähigkeit zeitgleich vorliegen. Die Leistungsfähigkeit begrenzt die Pflicht, den Bedürftigen Elternteil zu unterstützen. Unterhaltsbedürftige Eltern können nur dann mit Aussicht auf Erfolg Unterhaltsansprüche gegen ihre Kinder erheben, wenn diese dazu finanziell überhaupt in der Lage – sprich leistungsfähig – sind. Nach dem Gesetz ist derjenige nicht unterhaltspflichtig, der bei Berücksichtigung seiner sonstigen Verpflichtungen außerstande ist, **ohne Gefährdung seines angemessenen Unterhalts den Unterhalt zu gewähren** (§ 1603 BGB). Was einem unterhaltspflichtigen Kind im Verhältnis zu seinen Eltern konkret für seinen eigenen angemessenen Unterhalt verbleiben muss, wird in dieser Vorschrift, die den Verwandtenunterhalt maßgeblich regelt, nicht näher ausgeführt. Zu vielfältig sind die in Betracht kommenden Lebenssachverhalte. Deshalb hat sich die Rechtsprechung in einer Vielzahl von Entscheidungen mit dieser Frage befasst und dem Elternunterhalt auch in diesem Bereich einigermaßen klare Konturen gegeben. Für die verschiedenen Unterhaltsansprüche hat die Rechtsprechung pauschalierte Beträge herausgearbeitet, die einem unterhaltspflichtigen als Minimum verbleiben müssen, und zwar gestaffelt nach dem Rang des Unterhaltsberechtigten (§ 1609 BGB). Diese Pauschalbeträge werden als **Selbstbehalt** bezeichnet und stellen einen zentralen Begriff im Unterhaltsrecht dar, durch den die Leistungsfähigkeit definiert wird. Vereinfacht lautet die Formel:

Einkommen des Kindes nach Abzug berücksichtigungsfähiger Ausgaben – Selbstbehalt = (verbleibendes Einkommen*0,5) = Unterhaltsanspruch des Elternteils)

1. Selbstbehalt alleinstehender Kinder

Grundsätzlich gilt: Das erwachsene Kind, das seinen Eltern Unterhalt schuldet, kann nicht mit einem Unterhaltsschuldner gleich gestellt werden, der einem volljährigen Kind gegenüber zu Zahlungen verpflichtet ist. Eltern müssen regelmäßig damit rechnen, dass sie ihren Kindern auch über die Volljährigkeit hinaus solange Unterhalt zahlen müssen, bis diese eine – nicht selten langjährige – Berufsausbildung abgeschlossen haben und wirtschaftlich selbständig sind.

Mit einer solchen Entwicklung kann aber nicht der Fall gleichgestellt werden, dass Eltern von ihren erwachsenen Kindern Unterhalt beanspruchen müssen, weil sie zum Pflegefall werden Die Unterhaltspflicht tritt nämlich nicht generell ein, sondern in der Regel nur im Pflegefall. Kinder müssen sich deshalb nicht schon im Vorfeld auf mögliche Unterhaltszahlungen an ihre Eltern einrichten. Auch sorgen die berufstätigen Kinder mit ihren Beiträgen für die gesetzliche Rentenkasse bereits dafür, dass die gesamte Elterngeneration im Alter angemessen versorgt wird (Generationenvertrag). Mit den vorhandenen staatlichen Unterstützungen soll nach Auffassung des BGH auch die Kindergeneration vor Elternunterhalt geschützt werden. Aufgrund der neuen gesetzlichen Regelung wird dies umso mehr gelten, weil diese den Vorrang der Allgemeinheit als Grundlage der Gesetzesänderung deutlich hervorhebt.

Dem Unterhaltsschuldner müssen deshalb mehr Geldmittel für seinen eigenen Lebensunterhalt verbleiben als jemandem, der Unterhalt an ein volljähriges Kind zu zahlen hat. Aktuell beträgt beim Volljährigenunterhalt der Selbstbehalt 1.400 EUR (Stand 2020). Was steht jetzt einem Unterhaltspflichtigen im Verhältnis zu seinen Eltern zu?

Erfahrungsgemäß wird sich die Lebensführung eines erwachsenen Kindes regelmäßig an seine finanziellen Mittel anpassen. Was ein Unterhaltsverpflichteter beim Elternunterhalt für seinen eigenen angemessenen Unterhalt benötigt, hängt also wesentlich von seinen individuellen finanziellen Verhältnissen ab und kann nicht in jedem Fall gleich beantwortet werden. Sein Lebensbedarf bestimmt sich maßgeblich nach seinem Einkommen, dem Vermögen und seiner sozialen Stellung. Grundsätzlich sollen ihm die Mittel verbleiben, die er zur angemessenen Deckung seines gesamten Lebensbedarfs einschließlich einer angemessenen Altersvorsorge benötigt (BGH Urteil vom 23.10.2002, FamRZ 2002, 1698). Eine Grenze besteht nur dort, wo der Unterhaltspflichtige bisher bei seinen Lebenshaltungskosten wie Miete, Verpflegung, Freizeitbedarf und ähnlichem Luxus betrieben bzw. in unangemessenem Umfang Vermögen gebildet hat. Zu der Frage was angemessen ist und was als Luxus gilt wird es auch in Zukunft weiterhin vielfältige Diskussionen geben.

Trotz aller Bedenken, im Unterhaltsbereich allgemein geltende Bedarfsbeträge zu billigen, wurde inzwischen auch beim Elternunterhalt der angemessene Selbstbehalt in konkrete Zahlen gefasst. Zu groß war das Bedürfnis der Rechtsuchenden, allgemein gültige Werte an die Hand zu bekommen. Aktuell steht dem unterhaltspflichtigen Single ein Betrag von mindestens **2.000 EUR** im Monat zu, um damit seinen eigenen angemessenen Lebensunterhalt zu bestreiten (Stand April 2020).

Dabei handelt es sich aber nur um den Mindestbedarf. Liegt der Unterhaltspflichtige mit seinem maßgeblichen Einkommen darüber, wird der Selbstbehalt noch angemessen aufgestockt. Auch bei diesem Zuschlag lehnte es die Rechtsprechung lange Jahre ab, mit Pauschalen zu arbeiten. Inzwischen hat sie ihren Widerstand aufgegeben und die im Sozialhilferecht praktizierte Regelung übernommen: Von dem bereinigten Einkommen, das über seinem Selbstbehalt liegt, behält der Unterhaltspflichtige regelmäßig noch die Hälfte des überschießenden Betrages zur eigenen Verfügung.

BEISPIEL: Das für den Unterhalt relevante Einkommen (nach Abzug aller berücksichtigungsfähigen Verpflichtungen) beträgt 2.800 EUR im Monat. Der angemessene Selbstbehalt berechnet sich wie folgt:
2.800 EUR ./. 2.000 EUR Selbstbehalt = 800 EUR
Zuschlag: 800 EUR : 2 = 400 EUR; Selbstbehalt insgesamt: 2.400 EUR; zu zahlender Elternunterhalt: maximal 400 EUR im Monat.

Dem Unterhaltspflichtigen steht es nach Meinung des BGH frei, wofür er diesen Betrag im laufenden Monat ausgibt. Ob er damit eine kostspielige Wohnung finanziert und im Gegenzug seine sonstigen Lebenshaltungskosten einschränkt oder es genau umgekehrt macht, steht in seinem Belieben. Verschiedene Oberlandesgerichte haben hingegen in ihren Unterhaltsleitlinien auch beim Elternunterhalt die Kosten für das Wohnen gesondert ausgewiesen und hierfür konkrete Beträge festgesetzt. Nach dem OLG Braunschweig beispielsweise soll in dem Selbstbehalt ein Kostenanteil für (Warm-) Miete von 700 EUR enthalten sein. Das **OLG Hamm** geht von dem gleichen Betrag aus und erklärt ausdrücklich in seinen **aktuellen Leitlinien** zu Nr. 21.5, Stand 1.1.2020:

> „Der Selbstbehalt soll erhöht werden, wenn die Wohnkosten (Warmmiete) den ausgewiesenen Betrag überschreiten und nicht unangemessen hoch sind. Eine angemessene Erhöhung des Selbstbehalts kommt zudem z. B. in Betracht, wenn das nach Abzug eines zugerechneten geldwerten Vorteils (für die private Nutzung eines Firmenwagens oder einer Wohnung) verbleibende Einkommen nicht ausreicht, um den restlichen Lebensbedarf sicherzustellen".

Das OLG Hamm hat auch in der anderen Richtung den Schuldner geschützt: Liegen die tatsächlichen Wohnkosten niedriger als die in den jeweiligen Selbstbehalten enthaltenen Wohnkosten, soll der Selbstbehalt deswegen in der Regel nicht ermäßigt werden.

2. Selbstbehalt in der Ehe

Ist der Unterhaltspflichtige verheiratet oder lebt in eingetragener Lebenspartnerschaft, wird seine Lebensführung regelmäßig nicht nur von seinen eigenen Einkünften bestimmt. Auch das Einkommen des Partners spielt eine Rolle. Lebt der Unterhaltspflichtige mit einem Ehegatten zusammen, der gar kein eigenes Einkommen hat bzw. der nur über einen geringen Verdienst verfügt, hat er mehr Kosten als ein Alleinstehender. Seine wirtschaftliche Lage fällt dagegen günstiger aus, wenn er mit einem gut verdienenden Partner einen Haushalt führt und dadurch ein großer Teil seiner Kosten abgedeckt wird. Die finanzielle Leistungskraft des verheirateten Kindes wird, wie immer, von den Einkommensverhältnissen seines Ehegatten maßgeblich geprägt. Damit kommt der sogenannten Familienselbstbehalt ins Spiel.

§ 1360 BGB verpflichtet jeden Ehegatten, durch seine Arbeit und mit seinem Vermögen die Familie angemessen zu unterhalten. Beim Familienunterhalt handelt es sich um keine frei verfügbare Geldrente, sondern er wird regelmäßig als sog. Naturalunterhalt geleistet.

Mit dem Familienunterhalt wird der gesamte Lebensbedarf der Familie abgedeckt. Vom Umfang her richtet er sich wieder ganz nach den jeweiligen Bedürfnissen der Eheleute und ihren gemeinsamen unterhaltsberechtigten Kindern (§ 1360a BGB). Neben der Arbeit im Haushalt sowie der Betreuung und Pflege der Kinder sind es insbesondere die finanziellen Aufwendungen, die ins Gewicht fallen und die aus dem Familienunterhalt bezahlt werden müssen. Dabei handelt es sich regelmäßig um

- Aufwendungen für das Wohnen wie etwa Miete nebst Mietnebenkosten (bei Wohnen im eigenen Haus die Tilgungs- und Zinsleistungen, verbrauchsabhängige und vom Verbrauch unabhängige Hauslasten);

- Haushaltskosten wie Aufwendungen für Nahrungsmittel, Bekleidung Körper- und Gesundheitspflege;
- Kosten für Urlaub und Freizeitgestaltung;
- Beruflich bedingte Kosten;
- Aufwendungen für die Alters- Kranken- und Pflegevorsorge;
- Tilgung von Kreditschulden jeder Art usw.

Auch wenn der Familienunterhalt eine bestehende Lebensgemeinschaft verlangt, müssen die Eheleute nicht notwendigerweise in der gleichen Wohnung leben. Gibt es berechtigten Grund für die räumliche Trennung, etwa wegen eines auswärtigen Arbeitseinsatzes, kann eine intakte Lebensgemeinschaft auch bei getrennter Unterkunft bestehen.

Es ist der gemeinsamen Entscheidung der Eheleute überlassen, wie sie in persönlicher und wirtschaftlicher Hinsicht ihr Leben und ihre Ehe führen. Der Anspruch geht allein darauf, dass jeder Ehegatte seinen intern abgesprochenen Beitrag zum Familienunterhalt leistet. In der Praxis haben sich mehr oder minder drei typische Eheformen gebildet. Bei der Alleinverdienerehe übernimmt es einer der Ehegatten allein, für den Unterhaltsbedarf der Familie mit seinem Erwerbseinkommen aufzukommen, während der andere den Haushalt führt. Ähnlich verfahren die Eheleute bei einer Zuverdienerehe, wobei hier jedoch der den Haushalt führende Ehegatte auch noch geringfügig einer Berufstätigkeit nachgeht. Schließlich ist noch die Doppelverdienerehe zu nennen, bei der beide Eheleute ganztags berufstätig sind. Hier ist es wieder ihre Entscheidung, wie sie sich jeweils an dem Familienunterhalt finanziell beteiligen und die Haushaltsführung untereinander aufteilen.

Auch der Unterhaltsbedarf von gemeinsamen Kindern ist vom Familienunterhalt zu befriedigen. Auf die unterhaltspflichtigen Eltern kommen hier insbesondere Kosten für Unterkunft, Erziehung und Ausbildung zu. Hingegen müssen aus dem Familienunterhalt keine Unterhaltsansprüche von extern lebenden Dritten bestritten werden.

Die Rechtsprechung konnte sich inzwischen auch für den Ehegatten, der mit einem Unterhaltspflichtigen in Haushaltsgemeinschaft lebt, auf einen einheitlichen Mindestbedarf verständigen. Aktuell steht dem Ehepartner in der Regel ein Selbstbehalt von 1.600 EUR (Südd. Leitlinien: 1.580 EUR) im Monat zu (Stand April 2020).

Mit dem eigenen Selbstbehalt des Pflichtigen zusammen beträgt der gemeinsame Selbstbehalt beider Eheleute damit insgesamt 3.600 EUR (Südd. Leitlinien: 3.580 EUR) im Monat. Nur wenn das gemeinsame Netto-Einkommen der Eheleute diesen Betrag übersteigt, kommt überhaupt erst der Anspruch auf Elternunterhalt zum Zuge. Nach der unten vertretenen Ansicht muss jedoch der Familienselbstbehalt deutlich höher liegen.

Liegt das Einkommen der Familie über dem Familienselbstbehalt, muss das verheiratete Kind nicht den gesamten Überschuss für den Elternunterhalt einsetzen. Ihm und seinem Ehegatten sollen, wie dem ledigen Unterhaltspflichtigen auch, ausreichend Finanzmittel verbleiben, um ihren eigenen Haushalt angemessen zu führen. Die Familie soll im Prinzip von dem überschüssigen Einkommen die Hälfte behalten und muss den anderen Teil für den Elternunterhalt einsetzen. Gleichzeitig ist aber auch zu berücksichtigen, dass die Eheleute durch ihre gemeinsame Haushaltsführung Kosten einsparen. In einem Haushalt, in dem zwei oder mehr Personen miteinander wirtschaften, sind für den Einzelnen die Aufwendungen für Miete, Lebensmittel, Freizeit etc. erfahrungsgemäß niedriger als für einen Alleinstehenden. Es ergeben sich hier sog. Synergieeffekte. Der verheiratete Unterhaltspflichtige muss sich deswegen als geldwerten Vorteil eine Haushaltsersparnis anrechnen lassen (BGH Urteil vom 14.1.2004, FamRZ 2004, 792).

Mit Blick auf diesen Einspareffekt wird dem Ehegatten einmal der geringere Selbstbehalt zugestanden als dem Unterhaltspflichtigen selbst. Aktuell erhält er 80 % dessen, was das Kind beanspruchen kann (1.600 EUR/2.000 EUR). Damit wird jedoch nur die Haushaltsersparnis im unteren Einkommensbereich ausreichend berücksichtigt. Liegt das Einkommen der Eheleute darüber, soll das Zusammenleben der beiden Partner automatisch zu einer noch höheren Kosteneinsparung führen. Der BGH drückt dies in folgenden Worten aus: Bei der Unterhaltsbemessung ist die durch die gemeinsame Haushaltsführung der Eheleute eintretende Ersparnis zu berücksichtigen, die mit wachsendem Lebensstandard in der Regel steigt.

Die Berechnung der Haushaltsersparnis bei höherem Einkommen der Eheleute wurde in Literatur und Rechtsprechung lange Jahre sehr unterschiedlich gehandhabt. Die einen wollten die Kosteneinsparung nach dem konkreten Einzelfall ermitteln, andere Stimmen in Rechtsprechung und Literatur sprachen sich dafür aus, pauschale Abzüge in den unterschiedlichsten Formen vorzunehmen. In seiner Entscheidung aus dem Jahr 2010 hat der BGH nunmehr klare Verhältnisse geschaffen. Er stellte dort noch einmal fest, dass der Vorteil des Zusammenlebens bei Einkommensverhältnissen über dem Familienselbstbehalt als linear ansteigend zu betrachten sei. Außerdem verlangte er, dass sich die Haushaltsersparnis günstig auf die Leistungsfähigkeit des unterhaltspflichtigen Kindes auswirken müsse. Um das erklärte Ziel zu erreichen, griff der BGH auf anerkannte Grundsätze aus der Sozialhilfe zurück. Bei der Bemessung der Haushaltsersparnis orientierte er sich an § 20 Abs. 3 SGB II. Diese Vorschrift bezieht sich auf die Bewilligung von Sozialhilfe für Erwachsene und regelt folgendes: Leben zwei Partner, die das 18. Lebensjahr vollendet haben, in einer Bedarfsgemeinschaft, steht jedem von ihnen nur 90 % der Regelleistung zu. Die Kürzung der Sozialhilfe-Bedarfssätze um 10 % ist verfassungsgemäß (BVerfG FamRZ 2010, 249).

Laut BGH ist dieser Prozentsatz auch geeignet, bei der Ermittlung der Haushaltsersparnis zu einem angemessenen Ergebnis zu kommen. Sein Lösungsweg sieht wie folgt aus: Bemessungsgrundlage für den 10 %igen Abzugsbetrag ist das Einkommen, das nach dem Abzug des beiderseitigen Selbstbehaltes der Eheleute vom Familieneinkommen für den Elternunterhalt noch zur Verfügung steht (Verteilmasse) (BGH Urteil vom 28.7.2010, FamRZ 2010, 1535).

Indem der BGH die Haushaltsersparnis auf diese Weise ermittelte, schuf er auch die Voraussetzung dafür, den eigenen Unterhaltsbedarf des Unterhaltspflichtigen samt Ehegatten mittels Pauschalen zu berechnen. Mit dem sog. **individuellen Familienbedarf** ist es jetzt möglich, den finanziellen Bedürfnissen der Familie Rechnung zu tragen, ohne zu sehr ins Detail gehen zu müssen.

Konkret ging es in der Entscheidung um einen unterhaltspflichtigen Sohn, der im Vergleich zu seiner Ehefrau das höhere Einkommen erzielte. Beide Eheleute lebten in mittleren Einkommensverhältnissen. Erklärtes Ziel des BGH war, eine Berechnungsmethode zu entwickeln, mit der sichergestellt ist, dass der Elternunterhalt nur aus dem Einkommen des Unterhaltspflichtigen gespeist wird. Eine verdeckte Haftung des besserverdienenden Schwiegerkindes sollte in jedem Fall verhindert werden. Deshalb war beim Sohn jedenfalls der Teil des Einkommens nicht anzutasten, den er zum Lebensunterhalt seiner eigenen Familie beizusteuern hatte. Nur das darüber hinausgehende Einkommen ist für den Elternunterhalt einzusetzen. Dazu behalten beide Eheleute ungekürzt ihren jeweiligen Mindestbedarf und die ersparten Aufwendungen für die gemeinsame Haushaltsführung werden mit einem Abzug bei dem darüber hinausgehenden Einkommensrest berücksichtigt. Konkret sieht damit die Rechnung des BGH wie folgt aus: Zunächst wird von dem Einkommen der Eheleute der beiderseitige, angemessene Familienselbstbehalt in Abzug gebracht. Das dann noch verbleibende Einkommen wird im nächsten Schritt um die Haushaltsersparnis, pauschal 10 %, gekürzt. Von dem sich daraus ergebenden Betrag wird die Hälfte dem Familienselbstbehalt zugeschlagen. Er kommt damit dem Familienunterhalt zugute und ergibt den sog. **privilegierten Familienbedarf**. Die Eheleute können also für ihren eigenen Familienunterhalt neben ihrem gemeinsamen Selbstbehalt noch insgesamt 45 % des überschießenden Einkommens beanspruchen. Vereinfacht ergibt dies folgende Formel:

Einkommen des Kindes und des Ehepartners nach Abzug berücksichtigungsfähiger Ausgaben – Familienselbstbehalt = (verbleibendes Einkommen *0,45 = Unterhaltsanspruch des Elternteils)

Im Innenverhältnis der Eheleute hat der Unterhaltspflichtige zu diesem individuellen Familienbedarf im Verhältnis der beiderseitigen Einkünfte der Eheleute anteilig aufzukommen. Sein Beitrag zu dem gemeinsamen Familienunterhalt wird in einem nächsten Schritt ermittelt. Nur das verbleibende Resteinkommen steht für den Elternunterhalt zur Verfügung, dann jedoch in voller Höhe, ohne Abzug von weiteren Kürzungsbeträgen. Begründung: Die eigenen finanziellen Belange des Unterhaltspflichtigen wurden bereits bei der Ermittlung des individuellen Familienbedarfs hinreichend berücksichtigt. Die einzelnen Rechenschritte des BGH sollen mit den aktuellen Zahlen (Stand Juni 2020) verdeutlicht werden in folgendem Beispiel (Jahresbrutto des Unterhaltspflichtigen in Steuerklasse IV, keine Kinder: 125.000 EUR brutto, Ehepartner 1.500 EUR monatlich netto):

Berechnungsbeispiel (Zahlen gerundet):

Einkommen netto des Unterhaltspflichtigen	5.588 EUR
zuzüglich Einkommen netto des Ehegatten	1.500 EUR
Familieneinkommen	7.088 EUR
abzüglich Familienselbstbehalt (2.000 EUR/1.600 EUR)	3.600 EUR
verbleiben	3.488 EUR
abzüglich 10 % Haushaltsersparnis	349 EUR
Zwischensumme	3.139 EUR
davon 1/2	1.570 EUR
zuzüglich Familienselbstbehalt	3.600 EUR
individueller Familienbedarf	5.170 EUR
Anteil des Unterhaltspflichtigen am Familienbedarf (78,84 %)	4.076 EUR
Einkommen des Unterhaltspflichtigen:	5.588 EUR
abzüglich seines Anteils am individuellen Familienbedarf	4.076 EUR
freies Einkommen für den Elternunterhalt	1.512 EUR

Trifft umgekehrt die Unterhaltspflicht den Ehegatten mit dem geringeren Einkommen, wird auch dessen Leistungsfähigkeit mit dem individuellen Familienbedarf angemessen berücksichtigt. Dadurch wird hier wie dort sichergestellt, dass der Elternunterhalt nur aus dem Einkommen des unterhaltspflichtigen Kindes gespeist wird. Eine verdeckte Haftung des Schwiegerkindes ist ausgeschlossen. Auch die finanziellen Belange der Familie insgesamt werden angemessen berücksichtigt (BGH Beschluss vom 5.2.2014, FamRZ 2014, 538). Dies zeigt folgendes Rechenbeispiel mit einem besser verdienenden Ehepartner:

Berechnungsbeispiel (Zahlen gerundet):

Einkommen netto des Unterhaltspflichtigen	5.588 EUR
zuzüglich Einkommen netto des Ehegatten	7.750 EUR
Familieneinkommen	13.338 EUR

abzüglich Familienselbstbehalt (2.000 EUR/1.600 EUR)	3.600 EUR
verbleiben	9.738 EUR
abzüglich 10 % Haushaltsersparnis	974 EUR
Zwischensumme	8.764 EUR
davon 1/2	4.382 EUR
zuzüglich Familienselbstbehalt	3.600 EUR
individueller Familienbedarf	7.982 EUR
Anteil des Unterhaltspflichtigen am Familienbedarf (41,9 %)	3.344 EUR
Einkommen des Unterhaltspflichtigen:	5.588 EUR
abzüglich seines Anteils am individuellen Familienbedarf	3.344 EUR
freies Einkommen für den Elternunterhalt	2.244 EUR

Lebt das unterhaltspflichtige Kind dagegen in einer nichtehelichen Lebenspartnerschaft, kann es sich nicht auf einen Familienselbstbehalt berufen; auch dann nicht, wenn aus der Beziehung ein gemeinsames Kind hervorgegangen ist. Seine möglichen Unterhaltspflichten gegenüber den eigenen Familienangehörigen sind zu überprüfen, die Vorrang vor dem Elternunterhalt haben, als da sind: Unterhalt für minderjährige und volljährige Kinder sowie ein Unterhaltsanspruch aus Anlass der Geburt. Der den Familienangehörigen gewährte Naturalunterhalt ist anhand der gesetzlichen Vorgaben in Geld umzurechnen (BGH Beschluss vom 9.3.2016 – XII ZB 693/14, FamRZ 2016, 887).

3. Leitlinien der Oberlandesgerichte

Tipp:

Im Einzelfall ist zu empfehlen, sich mit der Rechtsprechung vor Ort zu befassen, um mögliche lokale Besonderheiten zu nutzen. Die verschiedenen Oberlandesgerichte haben in den letzten Jahren Unterhaltsleitlinien herausgegeben, in denen sie auch zum Elternunterhalt wichtige Informationen veröffentlichen. Diese Leitlinien werden regelmäßig aktualisiert.

Ein kleiner Überblick über die einzelnen OLG-Bezirke und die dort jeweils geltenden Selbstbehaltsätze:

Unterhaltsleitlinien der Oberlandesgerichte zum Mindestbedarf des Unterhaltspflichtigen und seines mit ihm zusammenlebenden Ehegatten (Stand 1.1.2020):

- **Kammergericht Berlin:** 2.000 EUR zzgl. die Hälfte des diesen Mindestbetrag übersteigenden Einkommens, (bei Vorteilen des Zusammenlebens mit einem Partner 45 %) wenn dies der Angemessenheit entspricht, sowie für den Ehegatten 1.600 EUR.
- **OLG Brandenburg:** 2.000 EUR zzgl. der Hälfte des darüberhinausgehenden bereinigten Einkommens, darin ist ein Mietanteil (Warmmiete) von 700 EUR enthalten für den Unterhaltspflichtigen sowie ein sich nach den ehelichen Lebensverhältnissen richtender Bedarf für den Ehegatten. Die Leitlinien enthalten den Hinweis, dass bei diesen Selbstbehalten die Änderungen durch das Angehörigen-Entlastungsgesetz noch nicht berücksichtigt sind.
- **OLG Braunschweig:** 2.000 EUR zzgl. der Hälfte (bei Zusammenleben 45 %) des diesen Mindestbetrag übersteigenden Einkommens, worin Kosten der Unterkunft (Miete einschließlich umlagefähiger Nebenkosten und Heizung in Höhe von 700 EUR enthalten sind) für den Unterhaltspflichtigen. Selbstbehalt für den Ehegatten nach den ehelichen Lebensverhältnissen, mindestens jedoch 1.600 EUR einschließlich 600 EUR Warmmiete.
- **OLG Bremen:** 2.000 EUR zzgl. der Hälfte (bei Zusammenleben 45 %) des diesen Mindestbetrag übersteigenden Einkommens, worin Kosten der Unterkunft (Miete einschließlich umlagefähiger Nebenkosten und Heizung in Höhe von 700 EUR enthalten sind) für den Unterhaltspflichtigen. Selbstbehalt für den Ehegatten nach den ehelichen Lebensverhältnissen, mindestens jedoch 1.600 EUR einschließlich 600 EUR Warmmiete.
- **OLG Celle:** 2.000 EUR zzgl. der Hälfte des diesen Mindestbetrag übersteigenden Einkommens für den Unterhaltspflichtigen. Bei Zusammenleben mit einem Ehe(-Partner) kann der Selbstbehalt weiter herabgesetzt werden. Für Ehepaare gilt ein Familienselbstbehalt von 3.600 EUR (Unterhaltspflichtiger: 2.000 EUR; Ehegatte: 1.600 EUR).
- **OLG Dresden:** 2.000 EUR zzgl. der Hälfte des diesen Mindestbetrag übersteigenden Einkommens, worin Kosten für Unterkunft (einschließlich umlagefähiger Nebenkosten) und Heizung in Höhe von 550 EUR enthalten sind. Selbstbehalt des Ehepartners: mindestens 1.600 EUR. Im Familienbedarf von 3.600 EUR sind Kosten für Unterkunft (einschließlich umlagefähiger Nebenkosten) und Heizung in Höhe von 980 EUR enthalten. Absenkung des Selbstbehaltes möglich im Einzelfall, wenn der angemessene eigene Unterhalt Ehepartner gedeckt ist. Die Regelungen des Angehörigen-Entlastungsgesetzes bleiben unberührt.

- **OLG Düsseldorf:** mindestens 2.000 EUR. Eine Erhöhung kommt insbesondere mit Rücksicht auf die Regelungen des Gesetzes zur Entlastung unterhaltspflichtiger Angehöriger in der Sozialhilfe und in der Eingliederungshilfe in Betracht. Bei Vorteilen des Zusammenlebens in der Regel zuzüglich 45 % des darüberhinausgehenden Einkommens, im Übrigen 50 %) wobei 700 EUR Warmmiete eingeschlossen sind; mindestens 1.600 EUR (einschließlich 600 EUR Warmmiete) für den Ehegatten.
- **OLG Frankfurt:** 2.000 EUR zzgl. der Hälfte des diesen Mindestbetrag übersteigenden Einkommens, worin Kosten für Unterkunft und Heizung in Höhe von 700 EUR (580 EUR kalt, 120 EUR Nebenkosten und Heizung) enthalten sind (für den Unterhaltspflichtigen). Der Selbstbehalt kann unterschritten werden, wenn der eigene Unterhalt des Pflichtigen ganz oder teilweise durch seinen Ehegatten gedeckt ist. Der Selbstbehalt soll erhöht werden, wenn die Wohnkosten (Warmmiete) den ausgewiesenen Betrag überschreiten und nicht unangemessen sind. Selbstbehalt für den Ehegatten: 1.600 EUR. Die Leitlinien enthalten den Hinweis, dass bei diesen Selbstbehalten die Änderungen durch das Angehörigen-Entlastungsgesetz möglicherweise noch nicht berücksichtigt sind.
- **OLG Hamburg:** 2.000 EUR zzgl. der Hälfte des diesen Mindestbetrag übersteigenden Einkommens, wobei im Selbstbehalt Kosten für Unterkunft und Heizung (Warmmiete) in Höhe von 700 EUR enthalten sind, sowie 1.600 EUR für den Ehegatten.
- **OLG Hamm:** 2.000 EUR zzgl. der Hälfte des diesen Mindestbetrag übersteigenden Einkommens, worin Kosten für Unterkunft einschließlich umlagefähiger Nebenkosten und Heizung (Warmmiete) in Höhe von 700 EUR enthalten sind, sowie 1.600 EUR für den Ehegatten (soweit nicht der Anteil am Familienunterhalt nach §§ 1360, 1360a BGB, der regelmäßig der Hälfte des für den gemeinsamen Lebensbedarf zur Verfügung stehenden Einkommens entspricht, höher ist. Im Familienbedarf von mindestens 3.600 EUR sind Kosten für Unterkunft und Heizung in Höhe von insgesamt 1200 EUR (700 EUR plus 500 EUR) enthalten.
- **OLG Koblenz:** Mindestens 2.000 EUR (einschließlich 700 EUR Warmmiete) zzgl. der Hälfte des darüberhinausgehenden Einkommens für den Unterhaltspflichtigen. Ersparnisse durch das Zusammenleben mit einem Partner können zur Reduzierung des es beides um 10 % führen. Über den Bedarf des Ehegatten werden keine Festlegungen gemacht, es richtet sich also nach dem Einzelfall.
- **OLG Köln:** 2.000 EUR zzgl. der Hälfte (bei Zusammenleben mit Partner 45 %) des diesen Mindestbetrag übersteigenden Einkommens, worin Kosten für Unterkunft und Heizung in Höhe von 7000 EUR enthalten sind, sowie für den

Ehegatten 1.600 EUR. Im Familienmindestbedarf von 3.600 EUR sind die Kosten für Unterkunft und Heizung in Höhe von 1.300 EUR enthalten.

- **OLG Naumburg:** 2.000 EUR für den Unterhaltspflichtigen zzgl. der Hälfte des den Mindestbetrag übersteigenden Einkommens sowie mindestens 1.600 EUR für den Ehegatten. Im Familienbedarf bei Ansprüchen der Eltern gegen ihre verheirateten Kinder sind Kosten für Unterkunft und Heizung (Wohnkosten) in Höhe von 860 EUR enthalten. Der Selbstbehalt erhöht sich, wenn konkret eine erhebliche und nach den Umständen nicht vermeidbare Überschreitung dieser Wohnkosten dargelegt ist.
- **OLG Oldenburg:** 2.000 EUR zzgl. der Hälfte des diesen Mindestbetrag übersteigenden Einkommens für den Unterhaltspflichtigen. Für die in Haushaltsgemeinschaft lebenden Ehegatten wird ein Familienbedarf von mindestens 3.600 EUR (2.000 EUR + 1.600 EUR) angesetzt. Der Selbstbehalt ist stets auf seine Angemessenheit zu überprüfen, höhere anerkennenswerte Kosten führen zur Anpassung. Bei Zusammenleben mit einem Partner, der über eigenes Einkommen verfügt, kann sich der Selbstbehalt um 10 % reduzieren. Die Leitlinien enthalten den Hinweis, dass bei diesen Selbstbehalten die Änderungen durch das Angehörigen-Entlastungsgesetz möglicherweise noch nicht berücksichtigt sind.
- **OLG Rostock:** mindestens 2.000 EUR zzgl. der Hälfte des diesen Mindestbetrag übersteigenden Einkommens (bei Zusammenleben mit Partner 45 %) für den Unterhaltspflichtigen. Der Mindestbedarf des mit dem Pflichtigen zusammenlebenden Ehegatten beträgt 1.600,00 EUR, der Familienselbstbehalt also mindestens 3.600,00 EUR.
- **OLG Saarbrücken:** 2.000 EUR mindestens, weitere Angaben, auch zum Selbstbehalt des Ehegatten, fehlen.
- **OLG Schleswig:** 2.000 EUR zzgl. der Hälfte (bei Zusammenleben mit Partner 45 %) des diesen Mindestbetrag übersteigenden Einkommens, worin Kosten für die Unterkunft und Heizung in Höhe von 700 EUR enthalten sind, für den Unterhaltspflichtigen sowie für den Ehepartner nach den ehelichen Lebensverhältnissen, mindestens jedoch 1.600 EUR (einschließlich 600 EUR Warmmiete). Die Leitlinien enthalten den Hinweis, dass bei diesen Selbstbehalten die Änderungen durch das Angehörigen-Entlastungsgesetz möglicherweise noch nicht berücksichtigt sind.
- **Süddeutsche Leitlinien** = unterhaltsrechtliche Leitlinien der Familiensenate in Süddeutschland: **Oberlandesgerichte Bamberg, Karlsruhe, München, Nürnberg, Stuttgart und Zweibrücken:** 2.000 EUR zzgl. der Hälfte des diesen Mindestbetrag übersteigenden Einkommens, worin Kosten für die Unterkunft und Heizung in Höhe von 700 EUR enthalten sind, für den Unterhaltspflichtigen sowie für den Ehepartner 1.580 EUR (einschließlich 430 EUR

Warmmiete. Im Familienbedarf von 3.580 EUR sind Kosten für Unterkunft und Heizung in Höhe von 1.130 EUR enthalten. Bei Zusammenleben mit einem leistungsfähigen Partner kann der Selbstbehalt reduziert werden, im Regelfall um 10 %.

- **Thüringer OLG Jena:** 2.000 EUR zzgl. der Hälfte des diesen Mindestbetrag übersteigenden Einkommens, worin Kosten für die Unterkunft und Heizung in Höhe von 700 EUR enthalten sind, für den Unterhaltspflichtigen sowie 1.600 EUR für den Ehegatten (einschließlich 560 EUR Warmmiete). Bei Zusammenleben mit einem Partner bleiben 45 % des über den Selbstbehalt hinausgehenden Betrages anrechnungsfrei. Die Leitlinien enthalten den Hinweis, dass bei diesen Selbstbehalten die Änderungen durch das Angehörigen-Entlastungsgesetz möglicherweise noch nicht berücksichtigt sind.

4. Kritik am aktuellen Selbstbehalt

Aus den oben dargestellten Leitlinien ergibt sich bereits, dass Einigkeit zur Höhe des Selbstbehaltes derzeit nicht besteht. Einige Oberlandesgerichte weisen in ihren Richtlinien auch explizit darauf hin, dass lediglich die Sätze der früheren Jahre fortgeschrieben wurden (Erhöhung des Selbstbehaltes von 1.800 EUR auf 2.000 EUR) damit aber möglicherweise der Intention des Angehörigen-Entlastungsgesetzes noch nicht in vollem Umfang Rechnung getragen wurde. Damit dürfte die Frage, welches Einkommen vor dem Rückgriff der Sozialhilfe geschützt ist noch nicht abschließend geklärt sein und Gerichte werden im Einzelfall über den tatsächlichen angemessenen Selbstbehalt befinden müssen. Die derzeitige Rechtslage würde zu starken Ungerechtigkeiten führen, die die Akzeptanz erschweren. Dies wird in dem folgenden vergleichenden Beispiel deutlich:

BEISPIEL: Der Sohn A ist unverheiratet und erzielt ein jährliches Bruttoeinkommen von 99.500,00 EUR und hat monatlich netto rund 4.485 EUR zur Verfügung. Er liegt unterhalb der Überleitungsgrenze und muss kein Elternunterhalt zahlen. Die Tochter B ist ebenfalls Single und verdient brutto 100.500,00 EUR. Bei gleichen Grundlagen für Steuern und Sozialabgaben, sowie gleichen Wohnkosten verbleiben ihr rund 4.528 EUR monatlich netto und damit rund 43 EUR monatlich netto mehr als ihrem Bruder. Angenommen, beide wohnen Hamburg sähe die Rechnung nach den dortigen Leitlinien – vereinfacht – wie folgt aus:

Nettoeinkommen Tochter	4.528 EUR
– Selbstbehalt	2.000 EUR
– verbleiben	2.528 EUR
+ 50 % (= individueller Selbstbehalt)	3.264 EUR
Elternunterhalt (= verfügbares Einkommen)	**1.264 EUR**

Diese krasse Differenz bei geringfügigen Unterschieden im monatlichen Nettoeinkommen wird in der Praxis schwer vermittelbar sein und auf Widerstand stoßen.

Diese Problematik ist auch offenbar in den Leitlinien einiger Oberlandesgerichte erkannt worden und darin zum Ausdruck gebracht worden, dass sie den Vorbehalt aufgenommen haben, dass sich eine veränderte Betrachtung auf der Basis des Angehörigen-Entlastungsgesetzes ergeben kann.

Ein Lösungsansatz kann sich aus der Rechtsprechung des Bundesgerichtshofs zum Ehegattenunterhalt ergeben.

Grundsätze des BGH bei guten Einkommensverhältnissen:

- Unterhalt dient nach seiner gesetzlichen Funktion dazu, den Bedarf des Berechtigten zu decken, nicht aber prozentual am Einkommen des Unterhaltspflichtigen zu beteiligen.
- Bei überdurchschnittlich guten Einkommensverhältnissen gilt der Erfahrungssatz, dass das Einkommen nicht vollständig für den eigenen Bedarf verbraucht wird, sondern auch zu einem erheblichen Teil zur Vermögensbildung verwendet wird (BGH vom 11.8.2010 – XII ZR 102/09, FamRZ 2010, 1637). Nur Einkommen, welches für Konsumzwecke zur Verfügung stand, fließt in die Bedarfsberechnung bei dem Ehegattenunterhalt ein.
- Es gilt eine tatsächliche Vermutung dafür, dass das Einkommen zur Deckung des laufenden Lebensbedarfs verbraucht wird, wenn das Familieneinkommen das Doppelte des höchsten Einkommensbetrages der Düsseldorfer Tabelle nicht überschreitet (BGH vom 15.11.2017 – XII ZB 503/16, FamRZ 2018, 260).

Kann das in Anspruch genommene Kind darlegen, dass das Einkommen der Eheleute bislang vollständig für den eigenen Lebensbedarf der Familie aufgebraucht wurde und auch nur in dem zulässigen Rahmen Vermögen gebildet wurde, bleibt für Elternunterhalt kein finanzieller Spielraum. Die Rückführung von Krediten ist in der Regel nicht als Vermögensbildung zu betrachten. Werden jedoch damit Vermögensgegenstände angeschafft, die mit stetiger Abzahlung wirtschaftlich an Wert gewinnen, kann darin ausnahmsweise Vermögensbildung liegen (OLG Hamm Urteil vom 22. 11.2004, FamRZ 2005, 1193).

Tipp:

Kindern, denen Unterhaltszahlungen für ihre Eltern drohen, können zur Sicherheit rechtzeitig beginnen, ein Haushaltsbuch zu führen. Dort sollten die Kosten für den laufenden Lebensunterhalt fortlaufend eingetragen werden. Ergibt sich aus den Zahlen, dass das erwirtschaftete Einkommen vollständig für den laufenden Bedarf aufgebraucht wurde, wird es sich in aller Regel um die Kosten für die allgemeine Lebenshaltung handeln. Diese Arbeit kann sich selbst dann noch lohnen, wenn die Kinder Nachricht von der Hilfedürftigkeit ihrer Eltern bekommen haben. Bis zur genauen Festlegung des Elternunterhaltes vergehen erfahrungsgemäß Monate wenn nicht gar Jahre. In dieser Zeit kann die Dokumentation des Familienunterhaltes aussagekräftige Daten zu dem Finanzbedarf des Unterhaltspflichtigen und seiner Familie liefern.

Wie genau die Lebensverhältnisse der Eheleute bei Gericht bei diesem Einwand durchleuchtet werden können, zeigt die Entscheidung des BGH vom 14.1.2004 in der Kombination mit dem abschließenden Urteil des OLG Hamm vom 27.11.2007 (BGH Urteil vom 14.1. 2004, FamRZ 2004, 443; OLG Hamm Urteil vom 27.11.2007, FamRZ 2008, 1881) in folgendem Beispielsfall:

Beispiel: Die verheiratete Tochter einer pflege- und hilfebedürftigen Mutter im Heim wurde vom Träger der Sozialhilfe auf Elternunterhalt verklagt. Die Tochter war verheiratet und bezog bei vollschichtiger Berufstätigkeit in der Steuerklasse 5 ein durchschnittliches Nettoeinkommen von rund 1.800 DM im Monat. Der Arbeitsverdienst ihres Ehemannes lag mit der Steuerklasse 3 bei 3.900 DM monatlich. Die Eheleute bewohnten ein schuldenfreies Einfamilienhaus, das dem Ehemann gehörte. Die unterhaltsbedürftige Mutter hatte neben der Tochter noch einen Sohn, dessen monatliches Einkommen bei ca. 3.500 DM lag. Hiervon hatte er neben berufsbedingten Kosten noch Unterhalt an eine studierende Tochter zu zahlen. Die Ehefrau zahlte an den Sozialhilfeträger seit dem Jahre 1993 bereits 138 DM im Monat Unterhalt für die Mutter. Als sie den Elternunterhalt auf Verlangen des Sozialhilfeträgers ab Februar 2000 auf monatlich 561 DM aufstocken sollte, berief sie sich auf mangelnde Leistungsfähigkeit und machte geltend, dass das gesamte Einkommen der Eheleute für den Familienhaushalt aufgebraucht werde. Der BGH erklärte bei dieser Konstellation, dass sich die Leistungsfähigkeit der Tochter nur nach ihrem eigenen Erwerbseinkommen zu richten habe. Bei ihren nachgewiesenen Gehaltsbezügen hielt er es jedoch für geboten, Korrekturen vorzunehmen. Schon das OLG Hamm hatte in der Vorinstanz wegen der Einstufung der Tochter in die Steuerklasse 5 bei der einbehaltenen Lohnsteuer einen Abschlag für sachgerecht befunden. Bei ihrem Erwerbseinkommen wurden lediglich die Abzüge aus der Lohnsteuerklasse I berücksichtigt. Dadurch erhöhten sich ihre belegten Gehaltsbezüge von 1.801 DM auf geschätzte 2.433 DM im Monat. Ferner monierte der BGH, dass bislang noch kein Gericht danach gefragt hatte, inwieweit die Tochter durch das Wohnen im schuldenfreien Haus ihres Ehemannes eine Ersparnis bei ihren Wohnkosten habe. Wenn nämlich ihr Wohnbedarf teilweise oder ganz aus dem Vermögen des Ehemannes gedeckt würde, hätte dies wiederum Einfluss auf ihre Leistungsfähigkeit. Der BGH gab dem OLG Hamm auf, die konkrete Höhe des Wohnvorteils zu ermitteln. Zu prüfen war außerdem noch, ob und inwieweit sie eine unterhaltsrechtlich anzuerkennende Vermögensbildung betrieben hatte.

Nach der Verweisung des Rechtsstreit zurück an das OLG Hamm verfolgte der Träger der Sozialhilfe den beanspruchten Elternunterhalt weiter, befristet bis zum Tod der Mutter im August 2001. Im Laufe dieses Verfahrens gingen alle Beteiligten von folgendem Erwerbseinkommen der Eheleute auf Basis der Steuerklasse I aus: 2.422 DM für die Tochter und 3.511,21 DM für den Ehemann. Außerdem wurde ihr ein Wohnwert dafür zugerechnet, dass sie im Haus des Ehemannes mietfrei lebte. Dabei legte das Gericht nicht die auf dem Markt zu erzielende Miete zugrunde, sondern nur den Betrag, der für eine angemessene Kaltmiete zu veranschlagen war.

Die Tochter machte jetzt geltend, das über ihren Selbstbehalt liegende „freie" Einkommen sei vollständig für die Renovierung des Hauses ihres Ehemannes verbraucht worden. Außerdem habe sie davon regelmäßig Ausgaben für ihre Mutter getätigt, die sie im Einzelnen näher aufführte.

Die von der Tochter vorgetragenen Renovierungskosten bemängelte das Gericht als nicht detailliert genug. Hierzu hatte sie lediglich erklärt, dass „umfangreiche Umbauten und Renovierungen, die innerhalb der letzten 10 Jahre vorgenommen worden seien", von ihr bezahlt worden wären. Auch soweit sie auf „kompletten Ausbau des Dachgeschosses, komplett neues Dach, Heizungserneuerung, komplette Fenstererneuerung, Erneuerung des Eingangsbereichs inkl. Haustür" verwiesen hatte, monierte das Gericht, dass der Vortrag nähere Details zu Art, Umfang und insbesondere Kosten der angeblichen Renovierungsmaßnahmen vermissen ließ.
Der Tochter war es nicht möglich, die einzelnen Maßnahmen näher zu präzisieren, wozu sie im Rahmen ihrer Beweislast verpflichtet war. Es fehlte auch jedwede Zuordnung der Kosten zu dem in dem Verfahren allein interessierenden Unterhaltszeitraum vom 1.1.1999 bis 31.8.2001. Insoweit wurde die Tochter mit ihrer Behauptung der mangelnden Leistungsfähigkeit nicht gehört.
Anders verhielt es sich wegen der von ihr vorgetragenen Zusatzausgaben für die Mutter. Dabei ging es um Kosten wie zusätzliche Wäsche, Radiogebühren, Geschenke für Heimbewohner, Freunde und Verwandte, Aufmerksamkeiten für das Pflegepersonal usw. Diese Aufwendungen stellten, rechtlich gesehen, Sonderbedarf der Mutter dar. Auch wenn die Tochter sie aus freien Stücken bezahlt hatte, sollten diese Kosten ihr verfügbares Einkommen vermindern können. Das OLG Hamm schätzte anhand der detaillierten Ausführungen der Tochter, dass sie auf diese Weise monatlich 150 DM für ihre Mutter verbraucht hatte. Insgesamt gesehen hielt das Gericht die Tochter für finanziell fähig, den geforderten Elternunterhalt in Höhe 561 DM zu zahlen.

Die Vermutung, dass das Einkommen vollständig für den Familienunterhalt verbraucht wurde, galt nach früherer Rechtsprechung allenfalls bei einfacheren Einkommensverhältnissen, wenn sich also die Einkünfte der Eheleute um den Selbstbehalt bewegen. In allen anderen Fällen muss der auf Elternunterhalt in Anspruch Genommene konkret darlegen, wofür im Einzelnen das – gemeinsame – Einkommen verwendet wurde. Unzulässige Vermögensbildung bleibt unberücksichtigt (BGH Urteil vom 17.12.2003, FamRZ 2004, 370). Diese Sichtweise wird zu überdenken sein. In der Entscheidung zum Ehegattenunterhalt vom 15.11.2017 (FamRZ 2018, 260) hat der BGH ausdrücklich zur Vereinfachung der Unterhaltsberechnung die pauschalierte Annahme zugelassen, dass Einkommen bis zum Höchstbetrag der Einkommensstufen der Düsseldorfer Tabelle, bei Ehepaaren des doppelten Betrages eine tatsächliche Vermutung dafür gilt, dass diese Beträge auch für die allgemeine Lebensführung verbraucht würden. Darin liegt eine wesentliche Änderung der zuvor zitierten Entscheidungen, die aber von den Sozialämtern weiterhin angeführt werden.

Übertragen auf den Elternunterhalt würde diese Rechtsprechung bedeuten, dass der doppelte Höchstbetrag aus den Einkünften nach der höchsten Einkommensstufe der Düsseldorfer Tabelle mit Stand 1.1.2020 (5.500 EUR × 2 und damit 11.000 EUR netto) der Vermutung unterliegen, dass dieses Einkommen auch tatsächlich für Konsumzwecke verbraucht wird und folglich für den Unterhalt nicht zur Verfügung steht. Bezogen auf eine Einzelperson bedeutet dies einen Selbstbehalt von 5.500 EUR, für Ehepaare 9.900 EUR (11.000 EUR × 0,9). Sozialämter werden einwenden, dass die Entscheidung zum Ehegattenunterhalt ergangen ist und daher nicht auf den Elternunterhalt übertragen werden kann. Hauptargument ist, dass die Kinder ohnehin schon durch einen höheren Selbstbehalt geschützt seien. Diese Argumentation ist aber nicht überzeugend, wenn man das Unterhaltsrecht einheitlich betrachtet. Dann müssen dieselben Grundsätze sowohl beim Ehegattenunterhalt als auch beim Elternunterhalt angewendet werden. Darüber hinaus ist in der Rangfolge des § 1609 BGB der Elternunterhalt ausdrücklich tiefer positioniert als der Ehegattenunterhalt, sodass die Grundsätze erst recht Anwendung finden müssten. Die Anwendung höherer Selbstbehalte im Kontext der neuen Gesetzeslage trägt darüber hinaus der Lebensstandardgarantie aus der Entscheidung des BGH vom 23.10.2002 (XII ZR 266/99, FamRZ 2002, 1698) Rechnung. Zudem ergibt sich eine klare Definition der Grenze, ab der „Luxus“ beginnt. Wenn damit in pauschalierter Form der Bereich des Einkommens definiert wird, der für den täglichen Verbrauch Verwendung findet, wird es allerdings keine Abzüge von Einzelpositionen für Versicherungen, Vorsorge oder Konsumentenkredite mehr geben. Ebenfalls offen ist die Frage, ob bei der pauschalen massiven Erhöhung der Selbstbehalte dann noch ein Zuschlag von 50 %, bzw. bei Zusammenleben mit einem Partner von 45 % erforderlich ist. Die Berechnungsbeispiele in diesem Buch stellen somit alternativ die Ergebnisse nach den bisher bekannten Pauschsätzen dar und alternativ nach der hier vorgeschlagenen Methode. Denkbar ist letztlich auch, dass sich die Rechtsprechung auf Beträge zwischen beiden Ansätzen einpegeln wird. Mit den Rechenbeispielen kann auch weitergearbeitet werden, wenn sich einheitliche Selbstbehalte herauskristallisiert haben.

Unter Berücksichtigung der hier vertretenen Selbstbehalte ergibt sich in den oben dargestellten Beispielsrechnungen in der Konstellation, dass das unterhaltspflichtige Kind Single ist oder der Ehepartner weniger verdient, kein Anspruch auf Elternunterhalt. In dem oben dargestellten Rechenbeispiel, bei dem der Ehepartner mehr verdient, beträgt die Unterhaltsbelastung rund 1.000 EUR statt 2.244 EUR.

5. Grundmuster einer Unterhaltsberechnung

Ausgehend von dem grundlegenden Aufbau jedes Unterhaltsanspruchs ergibt sich somit der zu zahlende Elternunterhalt im Wesentlichen aus der Berechnung der Leistungsfähigkeit des in Anspruch genommenen Kindes. Daraus ergibt sich folgende Struktur:

Grundmuster Unterhaltsberechnung

Bedarf der Eltern (Heimkosten + Taschengeld)	2.850 EUR
– Elterneinkommen (Rente + Pflegegeld)	1.350 EUR
Ungedeckter Bedarf = Bedürftigkeit	1.500 EUR
Nettoeinkommen des Kindes	6.000 EUR
– abzugsfähige Positionen	1.000 EUR
Verbleibendes Einkommen	**5.000 EUR**
– Selbstbehalt	**2.000 EUR**
– verbleiben	**3.000 EUR**
+ Erhöhung Selbstbehalt um 50 % (= individueller Selbstbehalt)	**3.500 EUR**
Elternunterhalt (= verfügbares Einkommen)	**1.500 EUR**

IX. Vorrangige Unterhaltsansprüche

Der Elternunterhalt steht in seiner Rangfolge deutlich nach dem Unterhalt für minderjährige oder volljährige Kinder (§ 1609 BGB), sodass vorrangige Unterhaltsverpflichtungen, die eine höhere Rangstelle einnehmen vorab abzugsfähig sind.

Erstrangig sind dabei die Unterhaltsansprüche minderjähriger Kinder, leiblich oder adoptiert, sowie volljähriger Kinder bis zum 21. Lebensjahr, die noch im Elternhaus leben, sich in der allgemeinen Schulausbildung befinden und nicht verheiratet sind (sog. privilegierte volljährige Kinder).

Der Unterhalt für minderjährige Kinder richtet sich regelmäßig nach den jeweils aktuell geltenden Sätzen der **Düsseldorfer Tabelle**. Auch wenn es sich hierbei nicht um ein Gesetz handelt, wird doch diese Tabelle als Regelwerk angewandt. Danach wird der Kindesunterhalt gestaffelt, nach dem Alter der Kinder sowie der Höhe des unterhaltsrelevanten Einkommens auf Seiten des Unterhaltspflichtigen.

Nach der Düsseldorfer Tabelle, Stand 1.1.2020, beläuft sich das Existenzminimum für minderjährige Kinder gemäß der 1. Einkommensgruppe, ohne Anrechnung des Kindergeldes, auf folgende Beträge im Monat:

- 369 EUR für Kinder bis zum vollendeten 6. Lebensjahr,
- 424 EUR für Kinder in der Altersstufe 6 Jahre bis zum 12. Geburtstag sowie
- 497 EUR für Kinder ab 12 Jahre bis zu ihrer Volljährigkeit.

Volljährige privilegierte Kinder haben Anspruch auf Kindesunterhalt in Höhe von mindestens 530 EUR im Monat.

Diese Tabellensätze stellen aber nur das Existenzminimum dar und sind bei den neuen Einkommensverhältnissen, ab denen der Elternunterhalt in Betracht kommt, keinesfalls gerechtfertigt. Vielmehr wird richtigerweise von den Höchstsätzen der Düsseldorfer Tabelle für den Kindesunterhalt auszugehen sein, sodass der abzugsfähige Kindesunterhalt sich nach den Beträgen aus der 10. Einkommensgruppe entnehmen lässt. Ohne Verrechnung des Kindergeldes stellen sich damit die abzuziehenden Beträge für Kindesunterhalt wie folgt dar:

- 591 EUR für Kinder bis zum vollendeten 6. Lebensjahr,
- 679 EUR für Kinder in der Altersstufe 6 Jahre bis zum 12. Geburtstag sowie
- 796 EUR für Kinder ab 12 Jahre bis zu ihrer Volljährigkeit.

Volljährige privilegierte Kinder haben Anspruch auf Kindesunterhalt in Höhe von mindestens 848 EUR im Monat. Bei minderjährigen Kindern wird das hälftige Kindergeld in Abzug gebracht und bei volljährigen Kindern das gesamte Kindergeld. Bei Ehepaaren wird dann der zu zahlende Kindesunterhalt prozentual im Verhältnis ihrer Anteile am Familieneinkommen aufgeteilt. Nicht enthalten in diesen Beträgen sind die Beiträge zu einer privaten Krankenversicherung der Kinder. Sollten daneben noch weitere Positionen, wie teure Kursfahrten, Zuzahlungen zu einer Zahnspange etc. anfallen, so stellen diese Sonderbedarf dar und sind zusätzlich im Rahmen des Kindesunterhaltes abzugsfähig.

Tipp:

Kinder kosten Geld. Die pauschalierten Sätze der Düsseldorfer Tabelle werden häufig nur unvollkommen die tatsächlichen Ausgaben abbilden. Daher macht es Sinn, vereinzelt aufzulisten, welche Kosten tatsächlich für Kinder aufgewandt werden, einschließlich Kleidung, Bildungsangebote, Hobbys etc. Zu denken ist auch an Einsparungen für Führerschein etc., sowie zum Beispiel bei auswärtigen Studierenden Kosten für regelmäßige Besuche zu Hause.

Der Unterhaltsbedarf eines volljährigen Kindes in der Ausbildung beläuft sich auf 848 EUR im Monat (Stand 2020). Sonderbedarf, wie zum Beispiel Studiengebühren oder Semesterbeitrag, sowie private Krankenversicherung fallen zusätzlich an. Das volle Kindergeld wird zur Anrechnung gebracht. Auch Kosten für ein Auslandssemester können Sonderbedarf sein, führen aber regelmäßig zu Diskussionen mit dem Sozialamt. Auch hierfür haften wieder Eltern als gleichrangige Schuldner anteilig.

Der Unterhaltsanspruch des von dem Unterhaltspflichtigen getrenntlebenden oder geschiedenen Ehegatten richtet sich nach den ehelichen Lebensverhältnissen und orientiert sich an dessen unterhaltsrelevantem Einkommen. Grundsätzlich gilt hier der Halbteilungsgrundsatz mit Rücksicht darauf, dass beide Ehegatten in gleicher Weise zum Familienunterhalt beigetragen haben (§ 1360 BGB). Ist der Unterhaltsschuldner berufstätig, wird sein unterhaltsrelevantes Einkommen noch pauschal um $^1/_7$ (bzw. um $^1/_{10}$ im süddeutschen Raum) als sog. Arbeitsanreiz gekürzt. Der Unterhaltsgläubiger kann dann die Hälfte der Einkommensdifferenz beider Eheleute, bereinigt um die Ausgaben als Trennungsunterhalt bzw. als Ehegattenunterhalt nach der Scheidung beanspruchen. Neben Kindesunterhalt und Ehegattenunterhalt wird in der Regel wenig Raum für Elternunterhalt verbleiben.

Der Unterhaltsbedarf desjenigen, der aus Anlass der Geburt eines nichtehelichen Kindes gemäß § 1615l BGB Betreuungsunterhalt beanspruchen kann, richtet sich nach seinem früheren individuellen Lebensstandard. Hier gibt es keinen Regelbedarf, entscheidend sind vielmehr seine eigenen wirtschaftlichen Verhältnisse vor Geburt des Kindes. Als Minimum gilt das in der Sozialhilfe gewährte Existenzminimum von 960 EUR (vgl. Leitlinien des Kammergerichts Ziff. 18, Stand 2020).

Kollidiert der Elternunterhalt mit dem Unterhaltsanspruch nach § 16151 BGB, kann dem betreuenden Elternteil auch über das 3. Lebensjahr des gemeinsamen Kindes hinaus weiter Unterhalt zustehen, wenn dies der Billigkeit entspricht. Das Kind betreffende Besonderheiten kommen hier genauso in Betracht wie elternbezogene Gründe. Bei zusammenlebenden Eltern kann ein elternbezogener Grund z. B. darin liegen, dass ein Elternteil in Absprache mit dem anderen das Kind persönlich betreut und er deshalb voll oder teilweise an einer Erwerbstätigkeit gehindert ist. Die Gestaltungsfreiheit beim familiären Zusammenleben findet nur dort ihre Grenze, wo sie rechtsmissbräuchlich zu Lasten des unterhaltsbedürftigen Elternteils erscheint (BGH Beschluss vom 9.3.2016 – XII ZB 693/14, FamRZ 2016, 887). Der Betreuungsunterhalt für den nichtehelichen Partner nach § 1615l BGB ist als Abzugsposition vorrangig. Bei nicht verheirateten Paaren kann allerdings der Familienselbstbehalt nicht in Abzug gebracht werden, sodass die Sätze wie bei einem Single gelten.

Erst wenn sämtliche Personen mit ihrem jeweiligen Unterhaltsbedarf vollständig befriedigt wurden, kommt der bedürftige Elternteil an 6. Rangstelle mit seinem Unterhaltsanspruch zum Zuge. In aller Regel wird das Einkommen des Unterhaltspflichtigen dann schon erschöpft sein. Dass ledige Unterhaltsschuldner unter diesen Umständen häufiger und in höherem Maße zu Unterhaltszahlungen für ihre betagten Eltern herangezogen werden, als verheiratete Kinder mit eigener Familie, liegt auf der Hand.

X. Komplexe Beispielsrechnung

Die einzelnen Schritte einer Berechnung im Einzelfall sollen an folgendem Beispielsfall gezeigt werden. Im Ergebnis werden zwei Berechnungsalternativen gegenübergestellt, nämlich zum einen mit den Selbstbehalten auf der Basis der meisten unterhaltsrechtlichen Leitlinien mit Stand April 2020 und zum anderen auf der Basis der höheren Selbstbehalten nach der hier vertretenen Ansicht.

Beispiel: Herr M. Ist verheiratet und verdient jährlich brutto 114.000 EUR, seine Ehefrau 26.000 EUR. Im Haushalt leben die beiden noch schulpflichtigen Kinder Ben und Sara, 17 und 15 Jahre alt. Die Familie wohnt in einem abbezahlen Einfamilienhaus mit einer Wohnfläche von 128 m². Als zusätzliche Altersvorsorge zahlen Herr M. monatlich 450 EUR in einen Riester und seine Ehefrau 120 EUR in einen Bonus-Sparvertrag ein. Für die Kinder wurde der höchste Unterhaltsbetrag aus der Düsseldorfer Tabelle eingesetzt, sodass sich unter Verrechnung des zur Hälfte abzuziehenden Kindergeldes pro Kind 694 EUR Unterhalt (Stand Juni 2020) ergeben. Steuerlich wurden Werbungskosten und Kinderfreibeträge berücksichtigt und das Nettoeinkommen beider Eheleute auf der Basis der Steuerklassen IV/IV ermittelt. Daraus folgt die nachstehende Berechnung.

Jahresbrutto	114.000 EUR		26.000 EUR
Werbungskosten	– 3.000 EUR		
Kinderfreibetrag	–1.280EUR		
Nettoeinkommen	4.946,86 EUR		1.505,17 EUR
Wohnvorteil	400 EUR		400 EUR
Zus. Altersvorsorge	– 450 EUR		–120 EUR
Kindesunterhalt		1.388 EUR	
Anteilig nach Einkommen	–1.017,18 EUR		–370,82 EUR
Verbleibendes Einkommen	**3.879,68 EUR**		1.414,35 EUR
Anteil	73,28 %		26,72 %
Familieneinkommen		5.294,03 EUR	
Berechnung Variante a)			
Selbstbehalt (Stand April 2020)		3.600 EUR	
Familieneinkommen über dem Selbstbehalt		1694,03	
Abzgl. 10 % für gemeinsame Haushaltsführung		169,40 EUR	
Verbleiben		1524,63	
Zuschlag 50 %		762,31 EUR	
Individueller Selbstbehalt		4.362,31 EUR	
Davon Anteil am Familien-einkommen 73,28 %	**3.196,88 EUR**		
Unterhalt (3.879,68 EUR-3.196,88 EUR)		**682,80 EUR**	
Berechnung Variante b)			
Selbstbehalt nach der hier vertretenen Ansicht		9.900 EUR	
Familieneinkommen über dem Selbstbehalt		0 EUR	
Ergebnis		**Kein Unterhalt**	

4. Kapitel

Das einzusetzende Einkommen und Vermögen – mit Checkliste

I. Einkunftsarten

Beim Unterhaltspflichtigen zählen wie beim Unterhaltsberechtigten zum unterhaltsrechtlich relevanten Einkommen alle Einkünfte, gleich welcher Art sie sind und aus welchem Anlass sie erzielt werden. Alle Einkunftsarten, die im Einkommensteuerrecht festgehalten sind, werden dabei berücksichtigt: Einkünfte aus selbständiger und nichtselbständiger sowie aus gewerblicher Tätigkeit, aus Kapitalvermögen, aus Vermietung und Verpachtung, aus Land- und Forstwirtschaft sowie aus sonstigen Einkünften.

Auch bei dem nur schwach ausgeprägten Elternunterhalt kann dem unterhaltspflichtigen Kind ein fiktives Einkommen angerechnet werden. Die Messlatte liegt aber relativ hoch. Wenn jedoch jemand eine bislang ausgeübte Erwerbstätigkeit ohne zwingenden Grund aufgegeben hat, um sich auf diese Weise vor dem angekündigten bzw. drohenden Elternunterhalt zu schützen, kann er so behandelt werden, als würde er weiterhin über seine bisherigen Einkommensbezüge verfügen. Auch wenn der Arbeitnehmer nur unbezahlten Urlaub wählt, kann darin eine unzulässige Verkürzung seines Arbeitsentgeltes gesehen werden (OLG Karlsruhe Urteil vom 28.7.2010, FamRZ 2010, 2082). Wer hingegen vorhat in Altersteilzeit zu gehen, wird dafür nicht „bestraft", wenn er dokumentieren kann, dass dieser Schritt schon vor Zugang der Überleitungsanzeige geplant war.

Zu den Einkünften aus **nichtselbständiger Tätigkeit** wird das gesamte Arbeitseinkommen gerechnet. Hierzu gehören die monatlich laufenden Gehaltsbezüge mit ihren jeweiligen Lohnbestandteilen genauso wie etwa das jährlich regelmäßig ausgezahlte Urlaubs- oder Weihnachtsgeld, als Gewinnbeteiligung ausgezahlte Zusatzgratifikationen bzw. sonstige Sonderzuwendungen, die regelmäßig fließen. Abfindungen können ebenfalls dazu gehören, werden aber auf mehrere Jahre verteilt. Zu den Lohn- bzw. Gehaltbezügen zählen außerdem auch alle Sachbezüge, die der Arbeitnehmer erhält, wie etwa geldwerte Vorteile dafür, dass er einen firmeneigenen Pkw benutzt, eine Werkswohnung nutzt oder in anderer Weise Vergünstigungen hat, die ihm eigene Aufwendungen für seinen privaten Lebensunterhalt ersparen. Der Firmenwagen wird nicht mit dem Wert aus der steuerlichen 1- Prozent-Regelung berücksichtigt, sondern die ersparten Kosten werden vielfach geschätzt, zum Beispiel anhand der ADAC-Tabellen für die Kosten verschiedener Fahrzeuge. Andere Gerichte sind der Ansicht, dass der Firmenwagen bereits dadurch ausreichend berücksichtigt ist, dass sich das Nettoeinkommen infolge der steuerlichen Veränderung erhöht (vgl. Unterhaltsrechtliche Leitlinien OLG Celle Abschnitt 1 Ziff. 4).

Tipp:

Häufiger Streitpunkt ist der Nutzungsvorteil für einen Firmenwagen, den Sozialämter einkommenserhöhend hinzurechnen. Einige Oberlandesgerichte halten es für ausreichend, dass sich das Nettoeinkommen durch den Steuervorteil in der Gehaltsabrechnung bereits erhöht. Weiterhin kann argumentiert werden, dass der Firmenwagen auch Repräsentationszwecken des Arbeitgebers dient und man selbst privat ein deutlich kleineres Fahrzeug nutzen würde. In Ansatz zu bringen ist nur ein angemessener Wert, der geschätzt werden kann (OLG Hamm Beschluss vom 9.7.2015 – 14 UF 70/15, FamRZ 2015, 1974). Wenn der unterhaltspflichtigen seinem Arbeitgeber eine längerfristige Vereinbarung eingegangen ist, einen bestimmten Dienstwagen zu nutzen sollte er darauf hinweisen, um dem Einwand zu begegnen, er hätte nicht versucht, ein kleineres Firmenfahrzeug zu erhalten.

Bei **Überstundenvergütungen** wird wie folgt unterschieden: Ist die Mehrarbeit berufstypisch, wie etwa bei Polizei- oder Feuerwehrbeamten, oder fällt sie nur im geringen Maße an, liegt in der Regel keine überobligatorische Arbeit vor. Der Mehrverdienst ist deshalb zum unterhaltsrelevanten Einkommen hinzuzurechnen. Ansonsten wird er nur teilweise berücksichtigt. Entscheidend sind immer das konkrete Arbeitsverhältnis und der konkrete Einzelfall. Deshalb ist es wichtig, möglichst detailliert aufzuzeigen, warum nur ein überdurchschnittlicher Arbeitseinsatz abgegolten werden sollte. Auf diese Weise kann es zu einer erheblichen Kürzung beim unterhaltsrelevanten Einkommen kommen.

Übt der Unterhaltspflichtige neben einer vollen Haupttätigkeit noch eine **Nebenbeschäftigung** aus oder geht er trotz Kindesbetreuung einer Berufstätigkeit nach, werden die Einkünfte hieraus ebenfalls nur nach Treu und Glauben angerechnet, wiederum unter Berücksichtigung der besonderen Umstände des Einzelfalles (BGH Urteil vom 24.11.1982, FamRZ 1983, 146).

Bei **Altersruhegeld,** wie Renten (gesetzliche Rente, zusätzliche Betriebsrente oder andere Zusatzversorgungen für das Alter), handelt es sich genauso um unterhaltsrelevantes Einkommen wie bei Beamtenpensionen oder berufsständig aufgebauten Altersversorgungen.

Verfügt der Unterhaltspflichtige über **Einkünfte aus selbständiger Tätigkeit** oder aus Gewerbebetrieb, ist der aus dieser Arbeit erzielte Gewinn die Basis für sein unterhaltsrelevantes Einkommen. Maßgeblich ist in der Regel der tatsächlich im jeweiligen Geschäftsjahr ausgewiesene Geschäftsgewinn, sofern nicht aus begründetem Anlass davon abgewichen werden muss. Wegen der häufig schwankenden Jahresergebnisse hat sich bei Selbstständigen herausgebildet, dass nicht nur ein Geschäftsjahr zugrunde gelegt wird. In der Regel wird auf die letzten 3 Jahre abgestellt. Im Einzelfall, bei stark schwankenden Jahresgewinnen, kann auch ein Zeitraum bis zu 5 Jahren erfasst werden. Bei Selbstständigen und Gewerbetreibenden wird der Gewinn dadurch gebildet, dass die Einnahmen den Ausgaben gegenübergestellt werden.

Steuererstattungen zählen ebenfalls zu dem unterhaltsrelevanten Einkommen, da sie der Unterhaltspflichtige regelmäßig für seinen eigenen Lebensunterhalt einsetzt. Relevant ist in aller Regel das Steuerguthaben aus dem Jahr, bevor die Aufforderung an den Unterhaltspflichtigen seiner Unterhaltspflicht nachzukommen, zugestellt wurde. Steuererstattungen werden dann nicht berücksichtigt, wenn es sich erkennbar um ein einmaliges Steuerguthaben in dieser Höhe handelt. Steuererstattungen, die auf Aufwendungen des Unterhaltspflichtigen zurückgehen, die er bei seinem Einkommen dem Unterhaltsanspruch des Berechtigten nicht entgegenhalten kann, bleiben unberücksichtigt.

In Bezug auf die steuerliche Situation wird in der Rechtsprechung immer wieder die Steuerklassenwahl thematisiert. Wenn beide Ehepartner die Steuerklasse IV haben, weil sie annähernd gleich Einkommen haben ist dies unproblematisch. Wählt der Unterhaltspflichtige bei dieser Konstellation die für ihn ungünstige Steuerklasse V, um weniger verfügbares Einkommen für den Elternunterhalt zur Verfügung zu haben ist dies nicht zulässig. Es wird eine fiktive Berechnung seines Einkommens nach der Steuerklasse IV vorgenommen. Ist der Unterhaltspflichtige der Besserverdienende und das Ehepaar hat die Steuerklassenwahl III/V getroffen ist dies grundsätzlich zulässig. Das OLG Karlsruhe hat in seiner Entscheidung vom 31.7.2014 – 16 UF 129/14 zur Steuerklassenwahl bei Eheleuten ausgeführt: Konsequent ist es, bei der Steuerklassenwahl III/V zugunsten des unterhaltspflichtigen Kindes das Nettoeinkommen auf der Basis der fiktiven Besteuerung nach Steuerklassen IV/IV (entsprechend I/I) vorzunehmen. Denn die Zugrundelegung des tatsächlich erzielten Einkommens führt dazu, dass durch das – sich bei Steuerklasse III ergebende – höhere Einkommen des Unterhaltspflichtigen eine erhöhte Leistungsfähigkeit eintritt. Dies führt zu einer verdeckten Haftung des Schwiegerkindes, die unterhaltsrechtlich nicht zulässig ist. Im Grundsatz ist der BGH diese Ansicht gefolgt und hat auch festgestellt, dass der steuerliche Splittingvorteil für Ehepartner in die Ehe gehört und für Unterhaltszwecke nicht zur Verfügung steht. Die Berechnung hat er allerdings noch etwas modifiziert:

In Anlehnung an § 270 Abgabenordnung (AO) ist zunächst anhand der fiktiven Steuerlast bei einer Einzelveranlagung die Relation der individuellen Steuerlast zur gesamten Steuerlast und sodann anhand des entsprechenden Prozentsatzes die Steuerlast des Unterhaltspflichtigen am Maßstab der bei Zusammenveranlagung tatsächlich bestehenden Steuerschuld zu ermitteln (BGH vom 17.6.2015 – XII ZB 458/14, FamRZ 2015, 1594). Diese Methode stellt sicher, dass das – nach Abzug der nach der konkreten Veranlagung anfallenden Steuerlast – verbleibende Einkommen insgesamt erfasst wird. Ferner wird so gewährleistet, dass die danach umzulegende Steuerlast nicht nur anteilig am Einkommen des Unterhaltspflichtigen bemessen wird, sondern dass zudem auch die Progression hinreichend Berücksichtigung. Wurde die Steuerklassenkombination III/V für die Ehe gewählt sollte daher nicht akzeptiert werden, wenn das Nettoeinkommen des unterhaltspflichtigen Kindes auf Basis der Steuerklasse III berechnet wird.

II. Abzüge vom Einkommen

Das für den Elternunterhalt maßgebliche Einkommen wird bei allen Einkünften in der Weise ermittelt, dass das Bruttoeinkommen um unterhaltsrechtlich relevante Abzüge bereinigt wird. Vorab wird zur Ermittlung der 100.000 EUR-Grenze der Gesamtbetrag der Einkünfte ermittelt. Ergeben sich nach Abzug von Werbungskosten (§ 9a EStG) und Kinderbetreuungskosten (§ 10 Nr. 5 EStG) dann mehr als 100.000 EUR ist die Überleitung auf den Sozialhilfeträger zulässig. Erst danach werden die weiteren Abzüge relevant.

Das **Arbeitseinkommen** wird um die anfallende Lohn- und Kirchensteuer sowie um den Solidaritätszuschlag gekürzt. Die Beiträge der gesetzlichen Renten- und Arbeitslosenversicherung sind ebenfalls abzugsfähig. Der Rentenbeitrag beträgt 18,6 % (Stand 2020).

Die Kosten für die gesetzliche Kranken- und Pflegeversicherung werden in jedem Fall voll berücksichtigt. Hat sich der Unterhaltspflichtige noch zusätzlich privat gegen Krankheit und Pflegebedürftigkeit versichert, werden mit Blick auf die relativ schwache Position des Elternunterhalts in aller Regel auch diese Kosten anerkannt.

Die mit der Berufsausübung verbundenen Aufwendungen, kurz berufsbedingte Kosten, werden in etlichen Gerichtsbezirken wie etwa in Berlin pauschal mit 5 % abgegolten. Der Berufstätige kann stattdessen aber auch seine tatsächlich anfallenden Kosten geltend machen. Inwieweit bei Fahrten von der Wohnung zum Arbeitsplatz der eigene Pkw genutzt und abgerechnet werden kann, hängt auch von der wirtschaftlichen Situation des Schuldners ab. Jedenfalls bei engen finanziellen Verhältnissen sind nur die Kosten für die Benutzung öffentlicher Verkehrsmittel absetzbar. Ist deren Benutzung unzumutbar, etwa wegen Schichtdienst mit ständig wechselnder, ungünstiger Arbeitszeit oder überlanger Fahrdauer, können die Kosten für den PKW in der Regel mit 0,30 EUR je Kilometer (Standardformel: Entfernungskilometer × 2 × 220 Arbeitstage: 12 Monate) abgezogen werden. Bei längeren Strecken kommt regelmäßig eine Kürzung der Kilometerpauschale in Betracht; so will etwa das OLG Düsseldorf ab dem 31. Entfernungskilometer nur noch 0,20 EUR/km akzeptieren. Liegen im Einzelfall die Kosten höher, muss der Unterhaltspflichtige die Mehraufwendungen genau aufschlüsseln und belegen. Neben den Fahrtkosten sind regelmäßig keine weiteren Kfz-Kosten wie z. B. für Kredite oder Reparaturen als berufsbedingte Aufwendungen abzugsfähig.

Kreditschulden sind je nach den Umständen des einzelnen Falles zu berücksichtigen. Wegen des relativ schwach ausgeprägten Elternunterhalts ist ein großzügiger Maßstab anzulegen. Der Unterhaltspflichtige hat in jedem Fall den Grund und die Verwendung des Darlehns sowie den Zeitpunkt der Kreditaufnahme näher darzulegen. Wurden die Schulden aufgenommen, bevor er von der Unterhaltsbedürftigkeit des Elternteils Kenntnis erlangt hat, ist die Wahrscheinlichkeit, dass die Zins- und Tilgungsleistungen anerkannt werden, größer als in Fällen, in denen sich der Unterhaltspflichtige erst anschließend verschuldet hat. Auch muss unterschieden werden, ob der Kredit für die Anschaffung eines bleibenden Vermögenswertes aufgenommen wurde oder ob er für den laufenden Lebensunterhalt aufgebraucht wurde. Sind mit dem Kredit Vermögensgegenstände angeschafft worden, die wirtschaftlich mit fortschreitender Tilgung immer mehr dem Vermögen des Unterhaltspflichtigen oder seines Ehegatten zuwachsen, kann darin eine Vermögensbildung gesehen werden. Beim sog. Konsumkredit kann man nicht davon ausgehen (OLG Hamm Urteil vom 22.11.2004, FamRZ 2005, 371).

Einkünfte aus Kapitalvermögen sind typischer Weise Zinserträge aus angelegtem Vermögen sowie Dividendenzahlungen aus Aktienvermögen. Hier ist in der Regel bei gleichbleibendem Vermögensstand maßgeblich, was der Unterhaltspflichtige in den letzten 12 Monaten an Einkünften aus Kapitalvermögen bezogen hat. Aufgrund individueller Besonderheiten, etwa stark schwankendem Vermögen, kann sich der Zeitraum verlängern. Abzugsfähig sind die mit dieser Einkommensquelle verbundenen Kosten im Sinne einer Einnahmen-Überschussrechnung.

Einkünfte aus Vermietung und Verpachtung werden ebenfalls nach einer sog. Überschussrechnung ermittelt. Typische Kosten sind Grundsteuer, Aufwendungen für Gebäude- und Haftpflichtversicherung, Straßenreinigung, Müllabfuhr, die zu Buche schlagen und die Einnahmen mindern. Hierzu zählen auch Kreditzinsen für die Anschaffung oder Herstellung der Immobilie. Häufiger Diskussionspunkt ist in diesem Zusammenhang die Gebäudeabschreibung (AfA), die manche Sozialhilfeträger nicht anerkennen wollen. Der Unterhaltspflichtige müsste indessen höhere Steuern zahlen, wenn die Gebäude-AfA gestrichen würde. Dies führt zu sehr komplizierten fiktiven Steuerberechnungen. Daher spricht vieles dafür, die von der Finanzverwaltung anerkannte Gebäudeabschreibung im Rahmen des Elternunterhalts zu übernehmen.

Unterlässt der Unterhaltspflichtige eine ihm zumutbare Vermietung von Wohn- oder gewerblichen Räumen, muss er sich – fiktiv – die marktübliche Miete anrechnen lassen.

III. Wohnwertvorteil

Erzielt der Unterhaltspflichtige aus der Vermietung einer Immobilie laufende Einnahmen, stellen sie unterhaltsrelevantes Einkommen dar, das er für den Elternunterhalt einzusetzen hat. Gleiches würde gelten, wenn der Unterhaltsschuldner sein Vermögen als Kapital verzinslich angelegt. Hat er sich stattdessen von dem Geld eine Immobilie (Haus bzw. Eigentumswohnung) angeschafft, die er selbst bewohnt, ist es dann gerechtfertigt, ihm hierfür keine finanziellen Vorteile zuzurechnen? Tatsächlich erzielt der Unterhaltspflichtige zwar keine Mieteinnahmen, allerdings muss er für seinen Wohnbedarf auch keine Miete bezahlen.

In der Praxis führt diese Betrachtungsweise bei vielen Eigenheimbesitzern zu erheblichem Unmut, weil sie das Gefühl haben, im Rahmen des Elternunterhaltes für ihr Eigentum „auch noch Miete zahlen zu müssen". Im Vergleich zu anderen Unterhaltspflichtigen besteht allerdings unbestreitbar ein deutlicher finanzieller Vorteil darin, dass keine Miete gezahlt werden muss. Bei den eingesparten Mietaufwendungen handelt es sich unterhaltsrechtlich um den sog. Wohnwertvorteil. Nutzt der Eigentümer seine Immobilie selbst, wird sein unterhaltsrelevantes Einkommen noch zusätzlich um die Mietersparnis aufgestockt. Das allerdings ist nicht gerechtfertigt, die am Wohnungsmarkt erzielbare tatsächliche Miete in Ansatz zu bringen. Immer wieder findet sich in den Berechnungen der Sozialämter der Ansatz, dass entsprechend dem jeweiligen Mietspiegel die Wohnfläche mit den dort vorgeschlagenen Quadratmeterpreisen multipliziert wird. Diese Berechnung benachteiligt allerdings die Unterhaltspflichtigen unangemessen. Wegen der schwachen Ausprägung des Elternunterhaltes wird daher nur ein **angemessener Wohnwert** zugerechnet. Damit soll verhindert werden, dass der bisherige Lebensstandard durch Einkünfte geschmälert wird, die dem Unterhaltspflichtigen tatsächlich nicht zufließen. Andernfalls bestünde die Gefahr, dass er ggf. gezwungen wäre, die Immobilie zu verkaufen oder zu vermieten. Eine Veräußerung oder Vermietung des Familienheims soll von einem Unterhaltspflichtigen beim Elternunterhalt nicht verlangt werden. Dadurch würde seine langjährig gestaltete Lebensführung grundlegend beeinträchtigt, was ihm mit Blick auf den schwach ausgeprägten Elternunterhalt nicht zugemutet werden könne (BGH Urteil vom 19.3.2003, FamRZ 2003, 1179). Anhaltspunkt für die Frage des angemessenen Wohnwertes können zum Beispiel Daten des statistischen Bundesamtes zur durchschnittlich in Deutschland genutzten Wohnfläche sein. Wenn die so ermittelte Fläche dann mit einem angemessenen Quadratmeterpreis multipliziert wird ergibt sich ein reduzierter Wert. Manche Gerichte schätzen einen angemessenen Wert, der regelmäßig unterhalb der üblichen Marktlücke liegt und einige Sozialämter beschränken sich auf die Werte, die in den Leitlinien der Oberlandesgerichte in dem jeweiligen Selbstbehalt „eingepreist" sind. Der ermittelte Wohnwert ist dann noch zu verringern um die Mietnebenkosten, die ein Vermieter nicht auf einen Mieter umlegen kann, zum Beispiel Verwalterkosten oder die in der Verwalter Abrechnung ausgewiesene Instandhaltungsrücklage bei einer Eigentumswohnung.

Ist die Immobilie noch finanziert, stellt sich die Frage nach der Abzugsfähigkeit von Zins-und Tilgungsleistungen für das Immobiliendarlehen. Der Abzug der Zinsen ist unproblematisch. Die Tilgungsleistungen hingegen wurden von vielen Sozialbehörden nicht anerkannt mit dem Argument, dass es sich bei der Tilgung um Vermögensbildung handeln würde. Allenfalls im Rahmen der Regeln zu einer zusätzlichen Altersvorsorge wurde dann die Tilgung berücksichtigt, soweit nicht durch sonstige zusätzliche Altersversorgung die Kappungsgrenze von 5 % des Bruttoeinkommens überschritten wurde. Diese Ansicht kann aber nach neuerer Rechtsprechung keinen Bestand haben.

Tipp:

Wenn das Sozialamt Tilgungsleistungen für Immobilienkredite nicht oder nicht vollständig anerkennen will, kann wie folgt argumentiert werden: Wurde die selbstgenutzte Immobilie bereits längere Zeit vor Kenntnis von der Unterhaltsverpflichtung erworben, so muss der Träger der Sozialhilfe aufgrund der Lebensstandardgarantie im Elternunterhalt die gegebenen Verhältnisse akzeptieren und Zinsen und Tilgung vollständig berücksichtigen. Das kann dazu führen, dass dem angemessenen Wohnwert gleich hohe oder höhere Ausgaben gegenüberstehen und dadurch das Einkommen verringern. In anderen Fällen gilt das Argument, dass ohne regelmäßige Tilgungszahlungen auch kein positiver Vorteil vorhanden wäre, denn ohne die Finanzierung gäbe es auch kein Wohneigentum. Daher sind neben den Zinsen auch die Tilgungsleistungen bis zur Höhe des Wohnvorteils vom Einkommen des Unterhaltspflichtigen abzuziehen, ohne dass dies seine Befugnis zur Bildung eines zusätzlichen Altersvorsorgevermögens beeinträchtigt. Nur der den Wohnvorteil dann noch übersteigende Tilgungsanteil ist als Vermögensbildung im Rahmen der sekundären Altersvorsorge auf die Altersvorsorgequote von 5 % des Bruttoeinkommens des Unterhaltspflichtigen anzurechnen (BGH Beschluss vom 18.1.2017 – XII ZB 118/16, FamRZ 2017, 519).

Im Vordergrund steht auch hier wieder, dass die Darlehensaufnahme das Wohnbedürfnis des Unterhaltspflichtigen und seiner Familie abdeckt und damit einem grundsätzlich anzuerkennenden Zweck dient. Soweit die Schulden und die hieraus resultierenden Annuitäten in angemessenem Verhältnis zu den vorhandenen Einkünften stehen, mindern sie das Einkommen jedenfalls dann, wenn die Verpflichtung bereits zu einer Zeit eingegangen wurde, als der Unterhaltspflichtige noch nicht mit Zahlungen an seine Eltern zu rechnen brauchte (BGH Urteil vom 19.3.2003, FamRZ 2003, 1179).

Auch Aufwendungen für Instandsetzungsmaßnahmen reduzieren den Wohnwert, wenn die Aufwendungen für bestimmte unaufschiebbare notwendige Maßnahmen zurückgelegt werden. Dann handelt es sich um berechtigte Instandhaltungsrücklagen, die für die Zahlung von Unterhalt nicht zur Verfügung stehen. Im anderen Fall ist das zurückgelegte Kapital als reine Vermögensanlage zu betrachten und kann damit für den Elternunterhalt eine Rolle spielen.

Achtung:

Wenn die tatsächlichen Unterkunftskosten inklusive Tilgung und aller Nebenkosten den im Selbstbehalt enthaltenen Anteil übersteigen, ist beim Elternunterhalt sogar eine Erhöhung des Selbstbehaltes nicht ausgeschlossen (BGH Beschluss vom 5.2.2014, FamRZ 2014, 538).

IV. Zusätzliche Altersvorsorge

Beim Elternunterhalt spielt für den Unterhaltspflichtigen die eigene Absicherung im Alter eine große Rolle. Durch die rapide steigende Zahl von alten Menschen können die gesetzlichen Versorgungssysteme den Kindern schon jetzt keine angemessene Versorgung im Alter garantieren. Deshalb wird von jedem Einzelnen erwartet, dass er zusätzlich auf privater Basis Vorsorge trifft. Auch dem Unterhaltspflichtigen darf diese Möglichkeit nicht genommen werden. Er liefe sonst Gefahr, im Alter in die gleiche Notlage wie sein aktuell hilfebedürftiger Elternteil zu kommen und dann seine eigenen Kinder in Anspruch nehmen zu müssen. Dies soll verhindert werden, allein schon wegen des bewusst schwach gehaltenen Elternunterhaltes. Die eigene Absicherung des Unterhaltspflichtigen gegen Armut im Alter hat hier einen besonders hohen Stellenwert. Um es in den Worten des **BGH** auszudrücken:

> „Denn die eigene angemessene Altersvorsorge geht der Sorge für den Unterhaltsberechtigten vor. Das gilt jedenfalls dann, wenn dem Unterhaltspflichtigen – wie bei der Inanspruchnahme auf Elternunterhalt – vorrangig die Sicherung seines eigenen angemessenen Unterhalts gewährleistet wird" (BGH Urteil vom 14.1.2004, FamRZ 2004, 792).

Ein **Arbeitnehmer** kann deshalb zu seinen Beiträgen in die gesetzliche Altersversorgung von derzeit rund 20 % zusätzlich noch private Vorsorgemaßnahmen in Höhe von 5 % seines Bruttoeinkommens treffen, um sich auf diese Weise vor dem Risiko der Altersarmut zu schützen. Mit der sog. primären Altersversorgung zusammen kann er damit sein Einkommen mit den Aufwendungen für eine **angemessene Altersabsicherung** um insgesamt 25 % verringern (BGH Urteil vom 14.1.2004, FamRZ 2004, 792).

In welcher Weise er eine zusätzliche Altersabsicherung betreibt, steht in seinem Belieben. Zur Auswahl stehen hier etwa die Riester-Rente, der Abschluss einer privaten Lebensversicherung auf Kapital- oder Rentenbasis bzw. der Erwerb von Wohneigentum auf Darlehnsbasis. Wichtig ist allein, dass er diese Aufwendungen auch tatsächlich tätigt. Reine Absichtserklärungen reichen nicht aus.

Kapitalzinsen und Sparprämien, die im Rahmen eines zur zusätzlichen Alterssicherung abgeschlossenen Prämienvertrages jährlich anfallen und gleich dem Sparkonto gutgeschrieben werden, erhöhen vergleichbar einer Lebensversicherung das Kapital. Sie bleiben deshalb beim Elternunterhalt außen vor. Obgleich es sich steuerrechtlich um Einkünfte aus Vermögen handelt, soll es nicht als zusätzliches Einkommen beim Unterhaltspflichtigen, sondern als Rendite gewertet werden, die dem Kind zu belassen ist (OLG Düsseldorf Urteil vom 14.1.2009, FamRZ 2009, 1077).

Ist der Unterhaltspflichtige vor Erreichen der gesetzlichen Altersgrenze in den Ruhestand gegangen, ohne dass ihm daraus ein Vorwurf zu machen ist, kann er seine zusätzliche Altersversorgung bis zum Erreichen der gesetzlichen Altersgrenze noch weiter ausbauen. Der Bedarf an einer zusätzlichen Altersvorsorge kann auch dann bestehen, wenn die Eheleute eine in ihrem Miteigentum stehende unbelastete Wohnung selbst nutzen. Entscheidend ist hier die Größe der Wohnimmobilie und die Frage, ob die Eheleute über diese Vermögensbildung bereits hinreichend für ihr Alter abgesichert sind (BGH Urteil vom 28.7.2010, FamRZ 2010, 1535).

Wie sich die Kosten für die zusätzlich privat finanzierte Altersversorgung beim unterhaltsrelevanten Einkommen auswirken können, zeigt aus der Rechtsprechung folgender Beispielsfall:

Beispiel: Der Träger der Sozialhilfe verlangte aus übergegangenem Recht von einem Sohn für seine im Heim lebende Mutter nicht gedeckte Heimkosten in Höhe von 10.912,34 EUR. Der Sohn war lediglich bereit, in etwa die Hälfte davon zu zahlen. Konkret machte er u. a. die Fahrtkosten für die zahlreichen Besuche bei seiner Mutter geltend. Er konnte anhand von entsprechenden ärztlichen Bescheinigungen belegen, dass diese nicht nur aus moralischen Gründen erfolgten, sondern auch den gesundheitlichen Belangen der Mutter geschuldet waren. Außerdem wies er auf seine zusätzliche Altersversorgung hin, die er vor der Hilfebedürftigkeit der Mutter in Form eines Prämiensparvertrages abgeschlossen hatte. In diesem Rahmen wurde vereinbart, dass Zinsen und Sparprämien dem Kontoguthaben zugeschrieben werden und dass eine Verfügung darüber zur Vertragsunterbrechung führen sollte. Mit seiner monatlichen Sparrate von 230 EUR hielt sich der Sohn im Rahmen der zulässigen 5 % seines jährlichen Bruttoeinkommens, das sich auf 58.600 EUR belief. Konkret sah die Rechnung wie folgt aus: 58.600 EUR × 5 % : 12 = 244 EUR.
Aus der Einkommensteuererklärung des Sohnes ging hervor, dass es sich bei den von ihm deklarierten Vermögenserträgen im Wesentlichen um die Erträge aus dem Prämiensparvertrag handelte. Diese hatte er

zwar zu versteuern, sie blieben aber auf dem Konto stehen, wurden mithin „thesauriert". Daraus folgte, dass er sie nicht für den laufenden Lebensunterhalt nutzen konnte. Deshalb wurden auch die angesammelten Zinsen nicht beim unterhaltsrelevanten Einkommen berücksichtigt. Der thesaurierte Zins wurde vielmehr mit einer Lebensversicherung verglichen, bei der die Verzinsung des eingezahlten Kapitals über die spätere Ablaufleistung und die Gewinnanteile erfolgt und die deshalb nicht als Einkommen zählt (OLG Düsseldorf Urteil vom 14.1.2009, FamRZ 2009, 1077).

Bei Arbeitnehmern, die über der sog. Beitragsbemessungsgrenze von aktuell 6.900 EUR im Monat (neue Bundesländer: 6.450 EUR Stand 2020) liegen, stellt sich die Frage, ob sich der 25 % Anteil für die Altersvorsorge auf sein gesamtes Bruttoeinkommen bezieht oder nur auf die Gehaltsbezüge entfällt, die der gesetzlichen Rentenversicherung unterliegen. Der BGH hat in einer Entscheidung aus dem Jahre 2005, in der es um die Zahlung von Ehegattenunterhalt ging, dem Unterhaltspflichtigen eine zusätzliche Altersversorgung zugestanden, die aus seinem jeweiligen **Gesamtbruttoeinkommen** des Vorjahres berechnet wurde (BGH Urteil vom 11.5.2005, FamRZ 2005, 1899) Gegenüber dem erheblich schwächer ausgebildeten Elternunterhalt kann nichts anderes gelten.

Beispiel: In vielen Fällen wird die erhebliche Position der zusätzlichen Altersvorsorge unzutreffend berechnet. Bei einem Jahreseinkommen von 125.000 EUR brutto würde der pauschale Ansatz von 5 % dieses Betrages zu einem Abzug von 6.250 EUR jährlich und damit rund 521 EUR monatlich für. Richtig ist aber folgende Berechnung:

5 % des Monatsbrutto im Rahmen der Beitragsbemessungsgrenze (6.900 EUR)	345 EUR
zzgl. 25 % des darüberhinausgehenden Monatsbrutto (3.517 EUR)	879 EUR
Abzug für Altersvorsorge /Monat	**1.224 EUR**

Ist der Unterhaltspflichtige vor Erreichen der gesetzlichen Altersgrenze in den Ruhestand getreten, können Aufwendungen für eine zusätzliche Altersversorgung auch weiterhin abzugsfähig sein (BGH Urteil vom 28.7.2010, FamRZ 2010, 1535).

Bei einem verheirateten Unterhaltspflichtigen kann ein privater Altersvorsorgeaufwand für seinen nicht berufstätigen Ehegatten ebenfalls zu seinem angemessenen eigenen Selbstbehalt zählen (BGH Urteil vom 14.1.2004, FamRZ 2004, 792).

Selbständig tätige Unterhaltspflichtige unterliegen grundsätzlich nicht der gesetzlichen Rentenversicherung. Sie sind deshalb gehalten, ihre Altersvorsorge privat aufzubauen. Neben der freiwilligen Versicherung in der gesetzlichen Rentenversicherung stehen hier eine Vielzahl von privaten Altersversorgungsmodellen zur Auswahl wie etwa der Aufbau einer angemessenen Lebensversicherung, die im Alter entweder als Kapital oder auf Rentenbasis zur Auszahlung kommt. Der Kauf von Immobilien bzw. Anteilen an Grundeigentum ist ebenso eine Möglichkeit für Selbständige, Vorsorge für ihr Alter zu treffen. Die hierfür anfallenden Aufwendungen werden beim Elternunterhalt auch bei dieser Personengruppe bis zur Höchstgrenze von 25 % des Bruttogewinnes akzeptiert, egal, in welcher Weise der Einzelne seine private (Zusatz-) Versorgung betreibt.

Die Altersvorsorge über eine vermietete Eigentumswohnung bzw. ein vermietetes Haus kann von erheblichem wirtschaftlichen Vorteil sein: Liegen die Mieteinnahmen unter den tatsächlich mit der Immobilie verbundenen Kosten, ist es möglich, dass die Unterdeckung zu einer Verringerung des unterhaltsrelevanten Einkommens führt. Erscheint einem objektiven Betrachter die vom Unterhaltspflichtigen gewählte Form der Alterssicherung jedoch als wirtschaftlich fragwürdig, ist das Gesamtkonzept detailliert darzulegen und zu beweisen.

Tipp:

Wegen der großen Bedeutung, die der eigenen Altersvorsorge gerade im Bereich des Elternunterhaltes zukommt, kann das unterhaltsrelevante Einkommen über eine zusätzliche Altersversorgung erheblich gekürzt werden. Wichtig ist dabei, eine Variante zu wählen, bei der auch die Erträgnisse aus dem angelegten Kapital sicher vor dem Zugriff des Unterhaltsgläubigers geschützt sind. Hier bieten sich Modelle an, bei denen Zinsen und Prämien erst bei Vertragsende zur Auszahlung kommen. Diese zusätzliche Absicherung gegen das Alter kann auch dann noch – für die Zukunft – hilfreich sein, wenn ein Kind die Nachricht von der Bedürftigkeit des Elternteils schon erhalten hat.

V. Einsatz von Vermögen

Das Angehörigen-Entlastungsgesetz definiert den Rückgriff des Trägers der Sozialhilfe ausdrücklich bei einem **Einkommen** von mehr als 100.000 EUR brutto jährlich. Von der **Höhe des Vermögens** ist keine Rede. Daher ergibt sich eindeutig aus dem Gesetz, dass es für die Frage, ob der Sozialhilfeträger überhaupt an die Kinder herantreten kann nicht auf das vorhandene Vermögen ankommen kann. Das darf aber nicht zu dem Trugschluss verleiten, dass nunmehr jegliches vorhandene Vermögen vor dem Rückgriff des Sozialhilfeträgers geschützt ist. Das Einkommen ist der „Türöffner", um den Unterhaltspflichtigen überhaupt in Anspruch nehmen zu können. Ist dieser Weg eröffnet, gilt allgemeines Unterhaltsrecht nach dem BGB und dort ist normiert, dass der Unterhaltspflichtige sein Vermögen für Unterhaltszwecke einsetzen muss, wenn es nicht unterhaltsrechtlich geschützt ist. Hier zeigt sich besonders deutlich, welche Schwierigkeiten sich bei dem Ineinandergreifen von zwei so unterschiedlichen rechtlichen Materien wie dem Sozialrecht einerseits und dem Unterhaltsrecht nach dem BGB andererseits ergeben. Denkbar sind Konstellationen, bei denen das unterhaltspflichtige Kind sowohl über erhebliches Einkommen als auch über ein hohes Vermögen verfügt. Wenn aufgrund hoher Abzüge das Einkommen nicht ausreicht, um den unterhaltsrechtlichen Bedarf der Eltern zu decken, stellt sich die Frage nach dem Einsatz des vorhandenen Vermögens.

Grundsätzlich kann neben den laufenden Einkünften auch das Vermögen des unterhaltspflichtigen Kindes für den Elternunterhalt herangezogen werden. Dies kommt einmal in Betracht, wenn der Schuldner mit seinen laufenden Einkünften allein nicht leistungsfähig ist und es trotzdem gerechtfertigt erscheint, dass er für den Elternunterhalt aufzukommen hat. Auch kann sich eine Unterhaltsverpflichtung ergeben, wenn das Kind selbst seinen Lebensunterhalt ausschließlich aus Vermögen bestreitet. Dabei kann es sich um Kapitalvermögen jedweder Art handeln oder um Immobilieneigentum. Die Verwertung erfolgt in der Hauptsache durch Verkauf, Übertragung sowie Belastung des Eigentums.

Der Einsatz des Vermögens ist eines der schwierigsten Kapitel im Unterhaltsrecht. Die Verwertung der Vermögenssubstanz ist wieder nach § 1603 Abs. 1 BGB zu beurteilen. Danach kann niemand zur Zahlung von Unterhalt an Verwandte herangezogen werden, der bei Berücksichtigung seiner sonstigen Verpflichtungen außer Stande ist, Unterhalt zu gewähren, ohne damit seinen eigenen angemessenen Unterhalt zu gefährden.

Die Frage, inwieweit ein Sohn/eine Tochter verpflichtet ist, auch den Stamm des Vermögens zu verwerten, um damit den Lebensbedarf von Eltern zu finanzieren, spielte in der Rechtsprechung lange Zeit keine große Rolle. Dies war umso erstaunlicher, als sich gerade in diesem Bereich viele Unterhaltspflichtige über die Jahre hinweg ein teils beachtliches Vermögen aufgebaut haben. In der praktischen Arbeit behalf man sich zunächst mit Anleihen aus dem Bereich des Kindesunterhaltes. Durch zwei Entscheidungen gab es damit auch beim Elternunterhalt schon in den 80er Jahren folgende grundlegende Einschränkung beim Einsatz von Vermögen:

> Eine Verwertung des Vermögensstammes kann nicht verlangt werden, wenn der Unterhaltsschuldner dadurch von fortlaufenden Einkünften abgeschnitten würde, die er zur Erfüllung weiterer Unterhaltsansprüche oder anderer berücksichtigungswürdiger Verbindlichkeiten oder zur Bestreitung seines eigenen Unterhalts benötigt.

In dieser Entscheidung des BGH aus dem Jahre 1988 ging es um die gesteigerte Unterhaltspflicht eines Vaters gegenüber seiner minderjährigen Tochter nach § 1603 Abs. 2 BGB. Im konkreten Fall konnte nicht ausgeschlossen werden, dass der Vater für seinen eigenen künftigen Lebensunterhalt auf eine unfallbedingte Entschädigungsleistung von insgesamt 150.000 DM angewiesen war. Der BGH erklärte in diesem Zusammenhang:

> „Muss ein Unterhaltspflichtiger seinen eigenen Unterhalt ganz oder teilweise aus seinem Vermögensstamm bestreiten, so kann ihm auch nach § 1603 II S. 1 BGB nicht schlechthin zugemutet werden, den Mindestbedarf des unterhaltsbedürftigen Kindes zu decken. Vielmehr muss die Sicherung des Eigenbedarfs auch die Gewährleistung des künftigen eigenen Unterhalts einschließen. Leistungsfähig ist er nur, wenn er auf Dauer selbst abgesichert ist. Bei der Bestimmung des Vermögens, das zur Sicherung des eigenen Unterhalts zu schonen ist, ist daher die gesamte voraussichtliche Lebensdauer des Unterhaltspflichtigen zu berücksichtigen" (BGH Urteil vom 2.11.1988, FamRZ 1989, 170).

In einer Entscheidung zum Unterhaltsanspruch eines volljährigen Kindes bewahrte der BGH einen Vater davor, das von ihm und seiner Ehefrau selbst bewohnte Haus zu verwerten. Bei der Ferienwohnung, die den Eheleuten gemeinsam gehörte, sollte es sich hingegen nicht um schützenswertes Vermögen handeln. Der Unterhaltsschuldner braucht den Stamm seines Vermögens dann nicht zu verwerten, wenn dies für ihn mit einem wirtschaftlich nicht mehr vertretbaren Nachteil verbunden wäre (BGH Urteil vom 23.10.1985, FamRZ 1986, 48).

Fazit: Beim Einsatz des Vermögens kommt es mehr noch als bei den laufenden Einkünften entscheidend auf den einzelnen Lebenssachverhalt an. Es gibt nach wie vor keine Standardlösungen. Speziell zum Elternunterhalt wurden in den zurück liegenden Jahren einige wichtige Fragen zum Vermögenseinsatz beantwortet:

- Auch beim Elternunterhalt hat der Unterhaltspflichtige den Stamm seines Vermögens anzugreifen, wenn er den Unterhaltsbedarf des hilfebedürftigen Elternteils nicht aus seinen laufenden Einkünften decken kann (BGH Urteil vom 21.4.2004, FamRZ 2004, 1184).
- Es muss jeweils am einzelnen Fall geprüft und entschieden werden, was dem Schuldner auf der Basis seines individuellen Lebenszuschnitts an Vermögen zu belassen ist. Es liegt in der Natur der Sache, dass die am Unterhaltsgeschehen Beteiligten je nach Sichtweise zu ganz unterschiedlichen Ergebnissen über ein und denselben Sachverhalt kommen können. Dies gilt für jede Phase der Unterhaltsermittlung bis hin zur Auseinandersetzung vor Gericht (BGH Urteil vom 5.11.1997, FamRZ 1998, 367).

- Es gibt mehr noch als beim Kindesunterhalt Einschränkungen bei der Verpflichtung des Unterhaltsschuldners, sein Vermögen zu verwerten, bedingt durch die schwächere Natur des Elternunterhaltes.
- Inwieweit der Vermögensstamm zu verwerten ist, hängt entscheidend von dem bisherigen Lebenszuschnitt des Kindes ab. Dies ist in Form einer realistischen Prognose zu beurteilen. Die Kernfrage ist dabei, was der Unterhaltspflichtige von seinem Vermögen für sich selbst braucht, aktuell und im Alter.

VI. Schonvermögen

Der BGH hat inzwischen durch die Bildung von drei Fallgruppen einen wesentlichen Beitrag zu der Frage geleistet, wann ein Unterhaltspflichtiger davor geschützt ist, sein Vermögen zum Elternunterhalt einzusetzen. Alle beruhen auf folgendem Gedanken: Das unterhaltspflichtige Kind hat seine Vermögensdispositionen regelmäßig in Zeiten getroffen, in denen noch kein Elternunterhalt geschuldet wurde. Seine Lebensverhältnisse waren deshalb auf die vorhandenen Einkünfte und Vermögenswerte abgestellt. Diese Planung soll beachtlich bleiben, solange es sich um eine angemessene Lebensführung handelt. Danach bestimmt sich auch der von ihm zu erwartende Einsatz seines Vermögens und die Höhe des ihm zu belassenden Schonvermögens (BGH Urteil vom 30.8.2006, FamRZ 2006, 1511).

Die **Fallgruppen** betreffen die eigene Altersversorgung des Unterhaltspflichtigen, die Bildung von Rücklagen sowie den Veräußerungsschutz von Grundbesitz und sehen im Einzelnen wie folgt aus:

1. Eigene Altersvorsorge des Unterhaltspflichtigen

Hat der Unterhaltspflichtige sein Vermögen zur Absicherung seines eigenen Lebensbedarfs im Alter verplant, genießt diese Vorsorgemaßnahme besonderen Schutz. Auch beim Einsatz von Vermögen gilt, was schon in Bezug auf die laufenden Einkünften gesagt wurde: Einem erwerbstätigen Unterhaltsschuldner steht neben seiner primären Altersvorsorge (rund 20 %) noch eine zusätzliche Absicherung für sein Alter in Höhe von 5 % seines Bruttoverdienstes zu. Das auf diese Weise über die Jahre aufgebaute Kapital soll ihm weiterhin zur Verfügung stehen und darf nicht vom Unterhaltsgläubiger angetastet werden. Der BGH erklärte dazu im Jahr 2006 folgendes: Dem Unterhaltspflichtigen muss die Möglichkeit eröffnet werden, geeignete Vorkehrungen dafür zu treffen, dass er nicht seinerseits im Alter auf Unterhaltsansprüche oder sonstige staatliche Förderungen angewiesen ist. Ihm steht ein Handlungsspielraum zu, der es ihm erlaubt, sich selbst für das Alter angemessen abzusichern. Sonstiges Vermögen in einer Höhe, wie es sich aus der Anlage von 5 % des Jahresbruttoeinkommens ergibt, braucht vor dem Bezug der Altersversorgung regelmäßig nicht zur Zahlung von Elternunterhalt eingesetzt werden (BGH Beschluss vom 7.8.2013, FamRZ 2013, 1554).

Ein Unterhaltspflichtiger mit Vermögen wie z. B. Spar- oder Giroguthaben, darf im Vergleich dazu nicht schlechter gestellt werden. Auch ihm müssen finanzielle Rücklagen für eine angemessene (Zusatz-)Versorgung im Alter verbleiben, sprich Geld oder andere Vermögenswerte, die dem Zugriff des Unterhaltsgläubigers entzogen sind.

In welcher Form er Altersvorsorge betreibt und dafür Vermögen gebildet hat, ist unerheblich. Der Erwerb von Immobilien, Wertpapieren oder Fondsbeteiligungen ist genauso beachtlich wie der Abschluss einer Lebensversicherung oder die Anlage von Geld als (Prämien-)Sparvermögen. Ob das auf diese Weise aufgebaute Vermögen dem Zugriff des Unterhaltsgläubigers entzogen wird, vollständig oder teilweise, kann wieder nur aufgrund seiner konkreten Lebensumstände mit Blick auf eine mögliche Versorgungslücke beurteilt werden. Entscheidend ist allein, inwieweit ihm das für die Altersversorgung verplante Vermögen einen angemessenen Schutz vor Armut im Alter bietet. Auch sein Alter und seine Lebenserwartung sowie mögliche Lücken in seiner Erwerbsbiografie können eine gewichtige Rolle spielen.

Das als jederzeit frei verfügbares Kapital angelegte Vermögen kann ebenfalls beim Kind als Schonvermögen gewertet werden. Wichtig ist dann aber, dass das Geld erkennbar für später möglichst fest zurückgelegt wurde. Tätigt der Unterhaltspflichtige laufend Abhebungen, etwa von einem Girokonto für Anschaffungen des täglichen Lebens, werden die Gelder eher selten als Altersvorsorge zu betrachten sein.

Was einem Unterhaltspflichtigen konkret für seine zusätzliche Alterssicherung zu verbleiben hat, hängt von den Umständen des Einzelfalles ab. Ist er bereits über eine rentenversicherungspflichtige Berufstätigkeit abgesichert, werden die berücksichtigungsfähigen Beträge anders ausfallen als bei jemandem, der z. B. als Selbständiger über keine gesetzliche Altersversorgung verfügt und deshalb im Alter existentiell auf sein Vermögen angewiesen ist. Lebt der Unterhaltsschuldner nur von seinem Kapital- oder Grundvermögen, wird die Höhe seines Schonvermögens noch einmal anders ausfallen.

Im Einzelfall kann auch die Zusammensetzung des Vermögens von Bedeutung sein. Selbstgenutzter Wohnraum steht unter einem besonderen Schutz. So besteht etwa für Wohnimmobilien dann keine Verwertungspflicht, wenn es sich um ein den jeweiligen Verhältnissen angemessenes Wohneigentum handelt. Deren Wert bleibt bei der Bemessung des Altersvorsorgevermögens grundsätzlich außen vor, solange er noch im Erwerbsleben steht. Begründung: Der Unterhaltspflichtige braucht bei der Inanspruchnahme auf Elternunterhalt keine spürbare und dauerhafte Senkung seines berufs- und einkommenstypischen Unterhaltsniveaus hinzunehmen. Nur soweit er sein Vermögen im Alter nicht zur Aufrechterhaltung des bisherigen Lebensstandards benötigt, steht es für Unterhaltszwecke zur Verfügung. Dies lässt sich nach Auffassung des BGH erst beurteilen, wenn der Unterhaltspflichtige die Einkünfte aus seiner Altersversorgung (Rente, Kapital- und Mieteinkünfte etc.) tatsächlich bezieht. Bis zu diesem Zeitpunkt ist sowohl die Entwicklung der Alterseinkünfte als auch der ihm dann zuzubilligende Selbstbehalt ungewiss (BGH Beschluss vom 7.8.2013, FamRZ 2013, 439).

Beim Vermögen selbst kann für die Höhe des Schonvermögens auch noch eine Rolle spielen, ob der Unterhaltspflichtige nur über Kapitalvermögen verfügt oder zusätzlich noch Immobilien in seinem Eigentum stehen. Lange Zeit wurden Vermögenswerte bis zu einem Wert von 75.000 EUR regelmäßig verschont, wenn der berufstätige Unterhaltspflichtige weder Eigentümer einer selbstbewohnten Immobilie noch eines selbstbewohnten Hausgrundstücks war (BGH

Urteil vom 30.8.2006, FamRZ 2006, 1511). Dabei orientierte man sich an den Empfehlungen des Deutschen Vereins für öffentliche und soziale Fürsorge für die Heranziehung Unterhaltspflichtiger in der Sozialhilfe aus dem Jahre 2005.

In welchem Umfang Kapitalvermögen durch Aufwendungen für eine zusätzliche Altersversorgung dem Zugriff des Unterhaltsgläubigers entzogen werden kann, veranschaulicht die zitierte BGH-Entscheidung aus dem Jahr 2006. Deshalb wird auf diese näher eingegangen als

Beispielsfall: Ein nicht verheirateter Sohn, Jahrgang 1955, sollte für den nicht gedeckten Unterhaltsbedarf seiner in einem privaten Pflege- und Seniorenheim untergebrachten Mutter aufkommen. Konkret ging es um eine Forderung des Sozialhilfeträgers von insgesamt 4.680,80 EUR nebst Zinsen. Mit seinem Arbeitsverdienst sowie den Kapitalerträgen lag der Sohn knapp unter seinem Selbstbehalt. Er verfügte aber auch noch über ein Kapitalvermögen von insgesamt rund 113.400 EUR, das sich wie folgt zusammensetzte: 2 Girokonten mit zusammen rund 66.400 EUR, 2 Lebensversicherungen mit einem Rückkaufswert von insgesamt rund 18.000 EUR, Wertpapiere über etwa 17.000 EUR sowie Gold und Schmuck im Gesamtwert von rund 11.000 EUR.

Nach den Feststellungen des BGH war der Sohn aufgrund seiner laufenden Einkünfte nicht leistungsfähig. Deshalb kam es zu einer Überprüfung seines Vermögens. Der Sohn machte hier einmal – mit Erfolg – geltend, dass er für die Neuanschaffung eines beruflich erforderlichen Pkw einen Betrag von 21.700 EUR zurückgelegt habe und dieser Betrag deshalb nicht für den Elternunterhalt zur Verfügung stehe. Auch benötige er die beiden Lebensversicherungen für seine zusätzliche Altersvorsorge wegen einer zeitweiligen Arbeitslosigkeit. Wie er erklärte, könnte er in Anbetracht seiner persönlichen Erwerbsbiografie selbst dann, wenn er bis zu seiner Altersgrenze ohne Unterbrechung einen Arbeitsplatz haben sollte, nur mit einer gesetzlichen Rente von 1.143,70 EUR rechnen.

Im Ergebnis bestätigte der BGH die Betrachtungsweise des Sohnes. Mit Blick auf seine geringe primäre Altersversorgung würden die beiden Lebensversicherungsverträge weder aktuell einen unangemessenen Aufwand darstellen noch dem Unterhaltspflichtigen im Alter ein Leben im Luxus ermöglichen.

Bei dem weiteren Vermögen berief sich der Sohn ebenfalls auf seine Berechtigung, maximal 25 % seines Bruttoeinkommens als zusätzliche

Altersvorsorge behalten zu dürfen. Auch hiermit fand er Gehör: Wenn ein Arbeitnehmer mit laufend 5 % von seinem Bruttoeinkommen sukzessive Kapital aufbaut, dann handelt es sich hierbei um Schonvermögen. Konkret stellte der BGH folgende Rechnung an: Bei einem monatlichen Bruttoeinkommen des Sohnes von 2.143,85 EUR durfte er für seine private Altersvorsorge im Monat 107,85 EUR zurücklegen. Bei einer Rendite von 5 % und einem gesamten Berufsleben von 35 Jahren kam der BGH insgesamt auf einen Kapitalbetrag von annähernd 100.000 EUR. Wegen der für den Autokauf bereits verplanten 21.000 EUR würden letztlich dem Sohn noch rund 91.700 EUR von seinem Vermögen für den eigenen Bedarf verbleiben. Im Ergebnis wurde der Sohn gänzlich von Unterhaltszahlungen für seine Mutter freigestellt (BGH Urteil vom 30.8.2006, FamRZ 2006, 1511).

Achtung:

Diese Entscheidung des BGH kann nicht verallgemeinert werden. Die Entscheidung orientierte sich an den Empfehlungen des Deutschen Vereins für öffentliche und private Fürsorge e.V., einem Zusammenschluss öffentlicher und privater Träger sozialer Arbeit. In den damaligen Empfehlungen des Vereins wurde ein Pauschalbetrag für das geschützte Vermögen von 75.000 EUR für den Unterhaltspflichtigen angenommen. Das Schonvermögen mit Blick auf die eigene Altersvorsorge kann aber nicht immer pauschal mit 75.000 EUR angesetzt werden, wenn es einen erwerbstätigen Unterhaltspflichtigen betrifft. Das einem Schuldner für seine angemessene Altersversorgung zu belassende Kapital muss stets anhand der konkreten Umstände und unter Beachtung der besonderen Lebensverhältnisse ermittelt werden. Es gibt im Unterhaltsrecht keine festen Vermögensgrenzen oder Richtwerte. Deshalb ist größte Vorsicht geboten, in diesem Bereich mit Pauschalen zu argumentieren. Es ist Aufgabe des Unterhaltspflichtigen, anhand seiner Lebenswirklichkeit konkret darzulegen und zu begründen, warum die von ihm geschaffenen Vermögenswerte als Schonvermögen zu werten und damit dem Zugriff des Gläubigers entzogen sind. Folgerichtig finden sich in den letzten Empfehlungen des Deutschen Vereins für private und öffentliche Fürsorge, Stand 2014, auch keine betragsmäßigen Festlegungen mehr.

Unterhaltspflichtige, die aufgrund einer schweren Erkrankung vorzeitig aus dem aktiven Berufsleben ausscheiden, können auch weitergehende Ansprüche darauf haben, dass ihr Kapitalvermögen wegen einer im Alter erheblichen Versorgungslücke nicht angetastet wird. Begründung: Der Unterhaltsschuldner soll von seinem Vermögen so viel behalten können, dass er in der Lage ist, gerechnet auf die Dauer seines gesamten Erwerbslebens eine zusätzliche Versorgung für sein Alter aufzubauen. Eine in dieser Richtung besonders großzügige Entscheidung des Amtsgerichtes Pankow/Weißensee aus dem Jahre 2008 wird näher dargestellt in folgendem

Beispiel: Ein 54 Jahre alter Sohn, der aufgrund einer schweren Erkrankung vorzeitig aus dem Berufsleben ausscheiden musste, wurde vom Sozialhilfeträger auf Unterhalt für seine Mutter in Anspruch genommen. Mit seiner Rente lag er unterhalb seines Selbstbehaltes. Er verfügte außerdem aber noch über ein Barvermögen von rund 234.187 EUR. Das Familiengericht Pankow/Weißensee ermittelte das dem Mann für seine Altersversorgung verbleibende Schonvermögen wie folgt: Bevor der Sohn krankheitsbedingt in Rente gehen musste, betrug sein Bruttoverdienst konkret 5.583 EUR brutto im Monat. Bei einer zusätzlichen Altersversorgung in Höhe von 5 % und einer möglichen Berufstätigkeit von 35 Jahren kam das Gericht auf einen Betrag von rund 252.065 EUR, wobei es eine Verzinsung von 4 % p. a. zugrunde legte. In Anbetracht seiner schweren Erkrankung und seiner vorzeitigen Berentung wollte das Gericht nicht ausschließen, dass ihm sogar ein noch höheres Schonvermögen zustehen könnte. Außerdem legte es bei dem Sohn eine durchschnittliche Lebenserwartung von 30 Jahren zugrunde. An dieser Rechnung hielt das Familiengericht selbst dann noch fest, als der Mann im Laufe des Verfahrens gestorben war und der Prozess mit seiner Witwe auf der Schuldnerseite weitergeführt wurde (AmtsG Pankow/Weißensee Urteil vom 5.11.2008, FamRZ 2009, 1076).

Es lohnt sich auch, die eigene Erwerbsbiografie ausdrücklich mit Hinblick auf Ausfallzeiten darzustellen. Neben Phasen längerer Krankheit oder Arbeitslosigkeit, in denen keine angemessene Altersversorgung gebildet werden konnte spielen auch Einbußen in der Altersversorgung zum Beispiel durch eine Scheidung und den in diesem Zusammenhang durchgeführten Versorgungsausgleich eine Rolle.

Für ein unterhaltspflichtiges Kind, das verheiratet ist und kein eigenes Erwerbseinkommen erzielt, besteht grundsätzlich kein Bedürfnis für die Bildung eigenen Altersvorsorgevermögens, wenn der Unterhaltspflichtige über seinen Ehegatten hinreichend für das Alter abgesichert ist, was nicht vorliegt, wenn der Ehegatte selbst über keine – den Maßstäben zum Elternunterhalt entsprechende – Altersversorgung verfügt. Das Kind muss die näheren Umstände hierfür darlegen und ggf. belegen (BGH Beschluss vom 29.4.2015, FamRZ 2015, 1172).

Ist der Unterhaltspflichtige mit der Regelaltersgrenze aus dem Berufsleben ausgeschieden, wird ihm im Ruhestand nur noch in Ausnahmefällen der weitere Aufbau einer zusätzlichen Altersversorgung zugestanden. Er kann auch nicht verlangen, dass ihm das Kapital unangetastet verbleibt, das er von seinem früheren Erwerbseinkommen mit dem Abzug von 5 % als Schonvermögen aufgebaut hat. Es wird von ihm erwartet, dass er das zum Zwecke der Altersvorsorge angesparte Kapital bei Erreichen der Regelaltersgrenze seinem bestimmungsmäßigen Zweck entsprechend sukzessive verbraucht. Dem Ruheständler soll dadurch aber keine Beeinträchtigung bei seinem Lebensstandard widerfahren. (BGH Urteil vom 21.11.2012, FamRZ 2013, 203).

Steht fest, dass der Unterhaltspflichtigen (auch) einen Teil seines Vermögens für den Elternunterhalt einzusetzen hat, ist als Nächstes zu ermitteln, welche finanziellen Mittel ihm für seinen eigenen angemessenen Lebensabend künftig verbleiben müssen. Das vom Unterhaltspflichtigen für die Altersvorsorge angesparte Kapital ist dabei **in eine Monatsrente umzurechnen,** unter Berücksichtigung seiner statischen Lebenserwartung. Für die Umrechnung von Vermögen in laufendes Einkommen gibt es im Unterhaltsrecht keine eigenen Formeln. Die Praxis greift deshalb auf Vorschriften aus dem Bewertungsgesetz zurück. In § 14 BewG wird geregelt, wie lebenslange Nutzungen oder Leistungen zu kapitalisieren sind mit dem Ziel, sie einer Besteuerung zu unterwerfen. Dabei erfolgt eine Umrechnung in einen Kapitalwert, und zwar getrennt für Männer und Frauen. Maßgeblich wird darin auf das Alter des Nutzers und die Dauer der Nutzung unter Bezugnahme auf die Sterbetafel des Statischen Bundesamtes abgestellt, den sog. Vervielfältigern. Das Bundesministerium der Finanzen gibt hierfür regelmäßig Kapitalisierungstabellen heraus. Aktuell gilt die Fassung vom 1.1.2013 laut Schreiben des Bundesministeriums der Finanzen vom 26.10.2012, GZ IV D 4 – S 3104/09/10001.

Die steuerrechtliche Bewertungsproblematik betrifft damit die gleichen Fragen (Lebensalter und Lebenserwartung), die auch bei der Wertermittlung des schutzwürdigen Altersvorsorge-Vermögens immer auftreten, wenn auch im umgekehrten Sinne. Für den Elternunterhalt ist das Kapitalvermögen mit dem einschlägigen Kapitalisierungsfaktor auf den Monat umzurechnen. Dabei kommt es auf die Lebenserwartung des Unterhaltspflichtigen zum Zeitpunkt seiner Einstandspflicht für den Unterhalt an. In der Regel ist hier auf das Datum abzustellen, an den er die Benachrichtigung des Sozialamtes erhalten hat.

Umrechnung von Vermögen in ein monatliches Einkommen in Anlehnung an § 14 BewG nach der Formel: Kapitalvermögen : 12 : Kapitalisierungsfaktor = monatliches Einkommen

Rechenbeispiel für einen 40 jährigen Mann mit einem verwertbaren Vermögen von 125.000 EUR:

125.000 EUR : 12 Monate : Kapitalisierungsfaktor 16,435 = 633,81 EUR

(Quelle: Kapitalwert für Stichtage ab 1.1.2020, Anlage zu § 14 Abs. 1 BewG, BMF-Schreiben v. 2.12.2019)

Wie die Gerichte praktisch mit der Umrechnung vorgehen, zeigt die Entscheidung des BGH aus dem Jahr 2012.

Beispiel: Ein Sohn, der bis zum Ruhestand als Stuckateur selbständig tätig war, sollte für seine im Heim lebende 95 Jahre alte, stark pflegebedürftige Mutter ab April 2008 einen Teil der Kosten übernehmen. Der Mann war verheiratet und verfügte zusammen mit seiner Ehefrau über erhebliches Vermögen, worunter sich auch ein selbstgenutztes, lastenfreies Einfamilienhaus befand. Sein Barvermögen, an dem die Ehefrau wirtschaftlich zur Hälfte beteiligt war, betrug ca. 250.000 EUR, wogegen sich seine Altersrente lediglich auf etwa 240 EUR im Monat belief. Das Ehepaar verfügte nach den Feststellungen des Gerichts außerdem noch über Einkünfte aus Vermietung, die nach dem gemeinsamen Einkommensteuerbescheid bei monatlich insgesamt 940 EUR lagen sowie

über Kapitaleinkünfte von brutto 838 EUR. Laut Finanzamt lag das zu versteuernde Einkommen der Eheleute bei 0 EUR. Die Vorinstanz hatte dem Sohn für die eigene Altersabsicherung das Einfamilienhaus und das sonstige Immobilienvermögen mit den entsprechenden Mieteinnahmen zugestanden. Er sollte jedoch seinen Anteil von 125.000 EUR am Barvermögen einsetzen. Insgesamt kam das OLG Düsseldorf damit auf ein Gesamteinkommen von monatlich 2.349 EUR in folgender Zusammensetzung: gesetzl. Rente: 240 EUR + Miete 470 EUR + Wohnwertvorteil 300 EUR + umgerechnete Rente aus Kapital: 1.339 EUR. Bei dem Vervielfältiger für den Kapitalwert legte es das Alter des Sohnes zum Zeitpunkt der Gerichtsentscheidung am 27.10.2010 zugrunde. In Anwendung von § 14 BewG ergab dies folgende Rechnung: Kapital: 125.000 EUR : 12 Monate : Kapitalisierungsfaktor 7,780 = 1.339 EUR.
Nach Auffassung des BGH sollte der Sohn finanziell in der Lage sein, mit einem monatlichen Betrag von laufend 450,00 EUR für den Unterhaltsbedarf der Mutter aufzukommen. Zunächst wurde festgestellt, dass er mit seinen laufenden Einkünften zweifelsohne außerstande sei, Elternunterhalt zu zahlen, selbst wenn man bei ihm noch einen Wohnwertvorteil für das kostenfreie Wohnen im eigenen Haus berücksichtigte. Der Sohn müsse jedoch auch einen Teil seines Vermögens einsetzen. Er könne nicht beanspruchen, an seinem Plan festzuhalten, das Vermögen allein für seinen eigenen Lebensunterhalt (und eventuell für den seiner Ehefrau) zu verbrauchen. Der Ruheständler müsse vielmehr sein Vermögen soweit für den Unterhalt der Mutter einsetzen, als er mit dem restlichen Vermögen in der Lage sei, seinen eigenen Lebensbedarf in angemessener Weise dauerhaft zu befriedigen. Das Gericht bezog in seine Gesamtschau auch das überaus hohe Alter der Mutter ein und berücksichtigte bei ihr eine Lebenserwartung von 3 Jahren. Argument des BGH: Es gibt keinen Grund dafür, einen Unterhaltspflichtigen ab Rentenbeginn anders zu behandeln als einen Schuldner, der auch ohne zusätzliche Altersvorsorge über ein ausreichendes Renteneinkommen verfügt und damit Elternunterhalt aus seinem Einkommen schuldet. Der BGH billigte zwar grundsätzlich die Vorgehensweise der Vorinstanz im Umgang mit dem Vermögen des Sohnes, auch insoweit, als es die Umrechnung des Kapitals in Anlehnung an § 14 BewG durchgeführt hatte. Es wurde jedoch moniert, dass das OLG Düsseldorf dabei von dem Alter des Sohnes bei der Entscheidung des Gerichts im Oktober 2010 Jahre ausgegangen war und deshalb den Vervielfältiger für einen dementsprechend alten Mann zugrunde gelegt hatte, konkret 7,780. Stattdessen setzte der BGH beim Sohn das Lebensalter zu Beginn des Unter-

haltszeitraumes an und stellte dabei auf die dem Sohn am 14.4.2008 zugegangene Rechtswahrungsanzeige ab. Damals war der Sohn 66 Jahre alt. Damit kam der Vervielfältiger für einen 66jährigen Mann zum Zuge mit 10,834. Dies wiederum führte zu einer Verringerung seiner Leistungsfähigkeit beim Elternunterhalt, wie folgende Rechnung auf der Basis der Zahlen des OLG Düsseldorf im Übrigen zeigt: 125.000 EUR : 12 : 10,834 = 961,50 EUR. Zum Vergleich dazu war das OLG auf einen Betrag von 1.339 EUR gekommen. Durch den höheren Faktor ermäßigte sich also die für den Sohn aus dem Kapital erzielbare Monatsrente erheblich. In der Sache selbst sah der BGH noch Aufklärungsbedarf und verwies deshalb die Sache zur weiteren Sachaufklärung an das OLG Düsseldorf zurück (Urteil vom 21.11.2012, FamRZ 2013, 203).

Tipp:

Hat der Schuldner nachvollziehbar erhebliche Lücken in seinem Rentenverlauf und erscheint deshalb seine eigene primäre Altersversorgung als unzureichend, kann er beim Einsatz seines Vermögens mit einer kulanten Handhabung rechnen. Für die zusätzliche Altersabsicherung des Unterhaltspflichtigen wird vorhandenes Vermögen häufig in erheblichem Umfang dem Zugriff des Gläubigers entzogen. Die Höhe des Schonvermögens richtet sich entscheidend nach der individuellen Versorgungslücke. Lassen Sie sich rechtzeitig beraten, um die vorhandenen Gestaltungsmöglichkeiten zu nutzen.

2. Bildung von Rücklagen

Mit dem Argument, er benötige Rücklagen für bestimmte Anschaffungen bzw. Investitionen, kann sich der Unterhaltspflichtige ebenfalls auf eine Einschränkung bei der Verwertung seines Vermögensstammes berufen. Klassisches Beispiel ist die Anschaffung eines neuen PKW, den der Unterhaltspflichtige für die Ausübung seines Berufs benötigt. Wenn er nachweislich einen neuen PKW braucht, weil das alte Fahrzeug nicht mehr fahrtüchtig ist, ist es seine Sache, ob er den Kauf über einen Kredit finanziert oder im Vorfeld den Kaufpreis anspart. Eine Grenze ist allenfalls bei einer Luxusanschaffung zu ziehen. Ein anderes Beispiel ist angespartes Vermögen, mit dem anstehende Arbeiten zur Instandsetzung einer Immobilie finanziert werden sollen. Inwieweit auch Rücklagen für Modernisierungsarbeiten darunterfallen, hängt vom einzelnen Sachverhalt ab. Die Sozialbehörden sind in der Anerkennung sehr zurückhaltend. Hilfreich kann es sein, die Notwendigkeit zu dokumentieren, zum Beispiel durch Einholung von Kostenvoranschlägen und die frühzeitige Einrichtung von separaten Sparkonten. Darüber hinaus kann auch das Argument greifen, dass ein Kredit für notwendige Instandsetzungen unterhaltsrechtlich anzuerkennen sein wird. Es kann aber keinen Unterschied machen, ob jemand auf die Kreditaufnahme verzichtet und anstelle der Kreditraten monatliche Ansparungen vornimmt.

3. Veräußerungsschutz von Grundbesitz

Inwieweit einem Unterhaltspflichtigen die Verwertung von Immobilienvermögen zumutbar ist, hängt von vielen Faktoren ab und kann nur wieder aufgrund der Umstände des einzelnen Falles beantwortet werden. Es haben sich aber speziell in diesem Bereich einige Eckpunkte zur Orientierung gebildet:

Die Veräußerung eines nach den Verhältnissen der Familie angemessenen Familienheimes kann beim Verwandtenunterhalt allgemein und beim Elternunterhalt im Besonderen nicht verlangt werden. Es dient der Befriedigung des Unterhaltsbedarfs des Schuldners und ggf. weiterer Familienangehöriger und erspart ihm zugleich Mietaufwendungen (BGH Urteil vom 23.10.1985, FamRZ 1986, 48).

Die Frage der Angemessenheit richtet sich nach unterhaltsrechtlichen Kriterien. Die im Sozialhilferecht gemachten Vorgaben sind unerheblich, werden aber teilweise als Anhaltspunkte genutzt. Es kommt jeweils entscheidend auf den Einzelfall an, wobei es z. B. auch eine Rolle spielen kann, inwieweit in der vom Unterhaltspflichtigen selbst genutzten Immobilie noch weiterer abgeschlossener Wohnraum vorhanden und fremdvermietet ist (Mehrfamilienhaus, Einliegerwohnung).

Soweit die Veräußerung von Vermögensgegenständen nicht zumutbar ist, kann der Unterhaltsschuldner verpflichtet sein, durch Aufnahme eines Kredits finanzielle Mittel für den Unterhalt zu beschaffen Dies kann von einem Kind aber nur erwartet werden, wenn es die damit verbundenen Zins- und Tilgungszahlungen finanziell aufbringen kann. Die Aufnahme weiterer Schulden, die die Leistungskraft des Unterhaltspflichtigen übersteigen und nur dafür gedacht sind, Geldmittel für den Elternunterhalt zu generieren, ist in der Regel nicht zumutbar (Kammergericht Beschluss vom 11.1.2011, FamRZ 2011, 985).

Handelt es sich hingegen um eine vom Unterhaltspflichtigen nicht ständig selbst genutzte Immobilie, etwa um eine Ferienwohnung, kann vom Unterhaltspflichtigen schon eher eine Veräußerung oder Beleihung als Sicherheit für einen Kredit erwartet werden, um damit Unterhaltsansprüche von Eltern zu erfüllen. Jedoch gilt auch hier: Dem Unterhaltsschuldner darf dadurch kein wirtschaftlich unvertretbarer Nachteil entstehen.

Bei der Verwertung von Vermögensgegenständen sind die gleichen Anforderungen zu beachten. Der Verkauf eines Pkw kann etwa nicht verlangt werden, wenn der Unterhaltsschuldner damit einen unverhältnismäßig hohen wirtschaftlichen Verlust erleidet (z. B. hoher Wertverlust von Neufahrzeugen in den ersten Jahren nach der Anschaffung) oder das Fahrzeug für Fahrten zur Arbeit benötigt. Auch die Verwertung von Hausratsgegenständen wie Teppiche u. Ä. ist in der Regel unzumutbar.

Tipp:

Die Anschaffung einer Wohnimmobilie, die der Unterhaltspflichtige selbst nutzt, bietet die bestmögliche Gewähr, Vermögen dem Zugriff des Unterhaltsgläubigers zu entziehen. Die Verwertung einer angemessenen, selbst genutzten Immobilie kann regelmäßig nicht verlangt werden. Auch bleibt der Wert der selbst bewohnten Immobilie bei einem Kind, das noch aktiv im Erwerbsleben steht, bei der Bemessung des Altersvorsorgevermögens außen vor, jedenfalls dann, wenn es sich um angemessenes Wohneigentum handelt. Vor dem Hintergrund der neuen Einkommensgrenzen dürfte auch die Messlatte für die Angemessenheit entsprechend hoch sein und dem Lebensstandard entsprechen. Es kann sich des-

halb anbieten, mit dem vorhandenen Kapitalvermögen Wohneigentum anzuschaffen, zumal auch bei unangemessen großem Wohnraum nicht ohne Weiteres eine Verwertung verlangt werden kann.
Fest angelegtes Kapital ist regelmäßig eher vor dem Zugriff des Gläubigers geschützt als jederzeit frei verfügbares Vermögen. Jede Geldanlage sollte deshalb auch mit Blick auf den Elternunterhalt gut überlegt werden. Vereinfacht gesagt kann angelegtes Vermögen schwerer für den Elternunterhalt aktiviert werden, wenn es auf nachvollziehbare Weise einer Zweckbindung zugeführt wurde und von dem „freien Vermögen" separat verwaltet wird.

4. Notgroschen

Dem Unterhaltspflichtigen muss ein gewisser Betrag verbleiben, um für kleinere Anschaffungen, Reparaturen, Krankheitskosten, u. Ä. gewappnet zu sein (BGH Urteil vom 5.11.1997, FamRZ 1998, 367). Auch hier richtet sich die Höhe des Schonvermögens nach dem konkreten Einzelfall. Die Behörden orientieren sich in ihrer sozialrechtlichen Betrachtungsweise zum Teil an den Regelbeträgen der Sozialhilfe, die bei 5.000 EUR für jede erwachsene Person liegen. Diese Maßstäbe können jedoch nicht vor dem Hintergrund der Einkommensverhältnisse des Angehörigen-Entlastungsgesetzes für die unterhaltspflichtigen Kinder gelten, weil diese keine Sozialhilfe beantragen und in ihrem Lebensstandard weitgehender geschützt sind als der Sozialhilfeberechtigte.

In der Literatur wird teilweise die Meinung vertreten, für Notfälle seien dem Kind jedenfalls drei Monatsgehälter netto zu belassen. Andere Stimmen betrachten sogar einen Schonbetrag zwischen 10.000 EUR bis 25.000 EUR für unabdingbar und sind der Auffassung, trotz Versicherungsschutz könne man nur damit dem Risiko wirksam begegnen, durch Pflegebedürftigkeit oder langjährige Krankheit finanziell in Not zu geraten.

Der BGH will dagegen auch für derartige Notfälle keine Pauschalen zulassen. Es soll wieder nur vom Einzelfall abhängen, wobei es maßgeblich etwa auf die Einkommensverhältnisse sowie die sonstigen Unterhaltsverpflichtungen ankomme. Im Falle eines kinderlosen, alleinstehenden Sohnes, der von Beruf Elektriker war und dessen Arbeitsverdienst unter dem Selbstbehalt lag, ging das Gericht in einer Entscheidung aus der jüngeren Vergangenheit einmal davon aus, dass ein Betrag von 10.000 EUR als Notgroschen ausreiche (BGH Beschluss vom 7.8.2013, FamRZ 2013, 1554). Seither findet sich dieser Betrag in vielen Unterhaltsberechnungen wieder. Nachdem sich nunmehr der Rahmen der Inanspruchnahme deutlich in den Bereich höhere Einkünfte verschoben hat werden auch insoweit von der Rechtsprechung großzügigere Maßstäbe anzulegen sein. Die in der Literatur vertretenen drei Monatsgehälter bzw. 25.000,00 EUR dürften die Untergrenze darstellen.

Tipp:

Das Vermögen des Ehepartners wird unabhängig von dem Umfang des Vermögens im Rahmen des Elternunterhalt ist nie berücksichtigt. Aus diesem Grunde müssen Schwiegerkinder auch im Rahmen der Auskunft gegenüber dem Träger der Sozialhilfe keine Angaben zu ihrem Vermögen machen. Bei Gemeinschaftskonten ist allerdings das unterhaltspflichtige Kind gehalten, Auskunft über seinen Anteil zu erteilen und diese Auskunft auch zu belegen.

VII. Checkliste

In einem Überblick werden einzelne Einkünfte sowie die unterhaltsrelevanten Abzüge zusammengestellt. Die Auflistung ist eine Art von Check-Liste, die verhindern soll, wichtige Positionen bei der Unterhaltsberechnung zu vergessen. Entscheidend bleibt aber immer der Einzelfall.

Einkünfte und unterhaltsrelevante Abzüge

1. Einkünfte:

(+): Zählt zum unterhaltsrechtlich relevanten Einkommen;
(–): Zählt nicht zum unterhaltsrechtlich relevanten Einkommen.

- Abfindungen: (+), (BGH FamRZ 1990, 269), in der Regel auf einen längeren Zeitraum zu verteilen, um bei Verlust des Arbeitsplatzes das frühere Einkommensniveau zu halten.
- Altersruhegeld: (+), einschließlich Kinderzuschuss (BGH FamRZ 1980, 1112)
- Arbeitnehmersparzulage: (–) BGH FamRZ 1994, 616)
- Arbeitslosengeld I.: (+) (BGH FamRZ 1996, 1067, 1069)
- Arbeitslosengeld II.: (+) beim Verpflichteten sind Leistungen nach §§ 19–32 SGB II, beim Unterhaltsberechtigten Leistungen nach § 24 SGB II, Einkommen. (Leitlinien Kammergericht Nr. 2.2)
- Ausbildungsvergütung: (+) (BGH NJW 1981, 2462, 2463)
- Auslandszulagen: (+), (BGH FamRZ 1980, 342), bereinigt um konkret darzulegende Mehraufwendungen
- Berufsunfähigkeitsrente: (+)
- Blindengeld: nach den meisten OLG-Leitlinien (+), z. B. Leitlinien der Familiensenate in Süddeutschland Ziffer 2.7. nach Abzug der konkret darzulegenden Mehraufwendungen; (–), (OLG Karlsruhe FamRZ 1990, 1240)
- Eigenheim/Eigentumswohnung: (+) das mietfreie Wohnen kann zur Anrechnung eines Wohnvorteils führen. Als Regel ist dem Unterhaltspflichtigen beim Elternunterhalt nur der angemessene Wohnwert anzurechnen (BGH FamRZ 2003, 1179)
- Erbschaft: beim Pflichtigen (+) beim Unterhaltsgläubiger (+)
- Erfindervergütungen: unter Zumutbarkeitsgesichtspunkten wie Einkünfte aus einer Nebentätigkeit (+)
- Erwerbsunfähigkeitsrente: (+), nach Abzug der konkret mitzuteilenden krankheitsbedingten Mehraufwendungen
- Erziehungsgeld: in der Regel (–), § 9 Satz 1 BErzGG
- Essensgeld: (+), in Höhe der ersparten eigenen Kosten
- Familienunterhalt: (+), wenn Unterhaltsbedarf des Schuldners über den Familienunterhalt gedeckt wird, kann dies zu einer Verringerung des angemessenen Selbstbehaltes führen (BGH FamRZ 2004, 370)
- Feiertagszuschläge: (+), wenn berufstypisch und in geringem Umfang, ansonsten Einzelfallbeurteilung, z. T. 2/3 (OLG München NJW 1982, 835)
- Fiktive Einkünfte: (+) bei leichtfertiger Reduzierung der Arbeitstätigkeit (OLG Karlsruhe FamRZ 2010, 2082)

- Firmenfahrzeug: (+), geldwerter Vorteil, soweit es sich um den privaten Nutzungsanteil handelt (OLG Hamm FamRZ 2015, 1974)
- Gratifikationen: in der Regel (+), (BGH FamRZ 1970, 636); größere Beträge sind auf einen angemessenen Zeitraum zu verteilen
- Grundrente nach § 31 BVersG: grundsätzlich (+). Nach § 1610a BGB Vermutung, dass Mehraufwendungen und Leistung sich decken. Kann vom Unterhaltsberechtigten widerlegt werden
- Grundsicherung (+), §§ 41–43 SGB XII auf Seiten des Gläubigers
- Jubiläumszuwendungen: (+), (BGH FamRZ 1970, 636); auf angemessenen Zeitraum (z. B. fünf Jahre) umzulegen
- Kapitaleinkünfte: beim Unterhaltsberechtigten (+), beim Unterhaltsschuldner (+)
- Kindergeld: Kindergeld wird in der Regel nicht zum Einkommen gerechnet (vgl. Nr. 5 und 14 SüdL)
- Kinderzulagen/-Zuschüsse: soweit staatliches Kindergeld übersteigend (+) (BGH FamRZ 1983, 49)
- Konkursausfallgeld: (+)
- Krankengeld: (+), nach Abzug von krankheitsbedingten Mehrkosten
- Krankenhaustagegeld: (+), (OLG Bremen FamRZ 1991, 86)
- Kriegsbeschädigtenrente: grundsätzlich (+), aber nach § 1610a BGB Vermutung, dass Kosten der Aufwendungen nicht geringer sind als die Höhe der Leistungen. Vom Unterhaltsberechtigten widerlegbar!
- Kurzarbeitergeld: (+)
- Lehrlingsvergütung: vgl. Ausbildungsvergütung
- Leibrente: (+), in voller Höhe, nicht nur im Ertragsanteil (BGH FamRZ 1994, 288)
- Leistungszulagen: in der Regel (+)
- Lottogewinn: (+)
- Mieteinnahmen: (+), nach Abzug der notwendigen Ausgaben (jedoch ohne Abschreibungen)
- Mietwert der eigenen Wohnung/Haus: vgl. oben unter Eigenheim
- Mutterschaftsgeld (+)
- Nachtarbeitszuschlag: (+), wenn berufstypisch und in geringem Umfang, ansonsten nach Zumutbarkeitsgesichtspunkten
- Nebentätigkeit: nach Zumutbarkeitsgesichtspunkten (BGH FamRZ 1983, 152); bei Rentnern und Pensionisten in der Regel (–)
- Nießbrauch: (+)
- Ortszuschlag: (+), einschließlich der kinderbezogenen Bestandteile, auch bei Stiefkind (BGH FamRZ 1983, 49; 1989, 172)
- Pensionen: (+)
- Pflege- und Erziehungsgeld für die Betreuung von Kindern nach §§ 23 Abs. 3, 39 KJHG: Einkommen der Pflegeperson, soweit den für den Pflegekind benötigten

Unterhalt übersteigend. Im Zweifel Anrechnung eines Drittels des Pflegegeldes (Büttner FamRZ 1995, 193, 198)

- Pflegegeld nach § 69 BSHG: Anrechnung wie Pflegegeld nach § 39 KJHG, vormals § 6 JWG (BGH FamRZ 1987, 259)
- Pflegegeld nach ZGHG: (+), (BGH FamRZ 1985, 917)
- Pflegezulage nach BVersG: grundsätzlich (+), aber gem. § 1610a BGB Vermutung, dass Kosten der Aufwendungen nicht geringer sind als Höhe der Leistungen. Kann vom Unterhaltspflichtigen widerlegt werden
- PKW-Überlassung durch den Arbeitgeber (Dienstwagen): (+), wenn auch private Nutzung. Wert der Sachzuwendung zu schätzen unter Berücksichtigung der Eigenersparnis (BGH FamRZ 1983, 352); 150 EUR bis 300 EUR monatlich sind üblich
- Provisionen: (+)
- Rente: (+)
- Sachbezüge: (+), z. B. verbilligter Warenbezug, Dienstwagen, Freiflüge: Anzusetzen mit Wert vergleichbarer Waren oder Leistungen unter Berücksichtigung der Eigenersparnis
- Schichtzuschläge: (+), wenn berufstypisch und in geringem Umfang, ansonsten nach Zumutbarkeit gemäß § 242 (BGH FamRZ 1983, 146)
- Schlechtwettergeld: (+)
- Schmerzensgeld: in der Regel (–), bei Unterhalt minderjähriger Kinder unter Umständen (+) (BGH FamRZ 1989, 170)
- Schwerstbeschädigtenzulage gem. § 31 BVersG: grundsätzlich (+), aber gem. § 1610a BGB Vermutung, dass Kosten der Aufwendungen nicht geringer sind als die Höhe der Leistungen. Kann vom Unterhaltsberechtigten widerlegt werden
- Sozialhilfe: (–), mit Ausnahme der Leistungen Grundsicherung beim Unterhaltsgläubiger. Kein Einkommen sind sonstige Sozialhilfe nach SGB XII und Leistungen nach dem UVG. Die Unterhaltsforderung eines Hilfeempfängers kann in Ausnahmefällen treuwidrig sein (BGH FamRZ, 2001, 619)
- Sparguthaben: Zinseinkünfte (+)
- Spesen: in der Regel (+), entweder nach Abzug der nachzuweisenden tatsächlichen berufsbedingten Aufwendungen (BGH FamRZ 1983, 670; Südd. Leitlinien Ziffer 1.4), teils wird nach steuerpflichtigen und steuerfreien Spesen unterschieden, oder pauschal mit einem Drittel des Nettobetrages zu berücksichtigen wie z. B. Düsseldorfer Leitlinien Ziff. 1.4., Hammer Leitlinien Ziff. 1.4
- Splittingvorteil aus neuer Ehe des Unterhaltspflichtigen: (+)
- Steuerrückerstattungen: grundsätzlich (+); im Jahr der Erstattung zu berücksichtigen (BGH FamRZ 1980, 984), allerdings nur wenn voraussichtlich auch künftig mit gleichbleibenden Steuererstattungen zu rechnen ist (BGH FamRZ 1988, 817). Steuerrückerstattungen, die auf Kosten beruhen, die der Unterhaltspflichtige nicht

dem Unterhaltsanspruch des Berechtigten entgegenhalten kann, sind nicht zu berücksichtigen

- Stipendien: (+)
- Streikgeld: (+)
- Tantiemen: (+)
- Taschengeld (+), (BGH FamRZ 2004, 366) für den Elternunterhalt einzusetzen, wenn der Unterhaltspflichtige im Übrigen seinen – mehr als – angemessenen Lebensbedarf über den anderen Ehegatten im Rahmen des Familienunterhalts gedeckt bekommt
- Treueprämien: (+)
- Trinkgeld: (+)
- Übergangsbeihilfe der Bundeswehr für ausscheidende Soldaten: (+), (BGH FamRZ 1987, 930); auf längeren Zeitraum umzulegen
- Überstundenvergütungen: (+), wenn berufstypisch und geringfügig oder zumindest das im Beruf des Unterhaltsschuldners übliche Maß nicht übersteigend (BGH FamRZ 1982, 250, 251), ansonsten Anrechnung nach Zumutbarkeitsgesichtspunkten
- Umsatzbeteiligungen: (+)
- Unfallrente: (+), (BGH FamRZ 1982, 252) Abzug der konkret nachzuweisenden Mehrkosten
- Urlaubsgeld: (+), (BGH FamRZ 1982, 250)
- Urlaubsabgeltung: unzumutbare Mehrarbeit und damit Anrechnung allenfalls nach Billigkeitsgesichtspunkten (OLG Köln FamRZ 1984, 1108), z. B. nach BGH zur Hälfte
- Vermögen: Erträgnisse beim Elternunterhalt immer zu berücksichtigen, abzüglich Werbungskosten und Steuern. Wird vorhandenes Kapital nicht ertragreich angelegt, sind erzielbare Zinseinkünfte fiktiv anzusetzen. Vermögensverwertung bei beschränkter Leistungsfähigkeit sowohl auf Seiten des Unterhaltspflichtigen als auch auf Seiten der Berechtigten zumutbar, sofern die Verwertung nicht unwirtschaftlich oder unter Berücksichtigung der beiderseitigen wirtschaftlichen Verhältnisse unbillig ist (BGH FamRZ 1986, 48)
- Vermögenswirksame Leistungen des Arbeitgebers: Zusatzleistungen des Arbeitgebers (–), (so unterhaltsrechtliche Leitlinien des OLG Düsseldorf, I.5, strittig)
- Waisenrente: (+), (BGH FamRZ 1980, 1109)
- Wehrsold: (+), staatliche Leistungen wie Unterkunft, Verpflegung, Heilfürsorge etc. in der Regel bedarfsdeckend (OLG Karlsruhe FamRZ 1986, 830, OLG Düsseldorf FamRZ 1989, 91)
- Weihnachtsgeld (+), (BGH FamRZ 1982, 250); anteilige Berücksichtigung
- Wohngeld: (–), soweit nur erhöhten Wohnbedarf ausgleichend (BGH FamRZ 1985, 374). Empfänger muss erhöhte Wohnkosten darlegen (BGH FamRZ 1985, 374)

- Zählkindvorteil: bleibt auch nach der Neuregelung des § 1612b Abs. 4 BGB unberücksichtigt
- Zinseinkünfte: (+), Abzug der Steuern und Bankspesen
- Zivildienstvergütung: (+), Vergütung, Wohnmöglichkeit, Verpflegung etc. in der Regel bedarfsdeckend (OLG Hamburg, FamRZ 1987, 409)
- Zusammenleben mit neuem Partner: auf Seiten des Unterhaltsberechtigen für Haushaltsführung für neuen Partner fiktives Einkommen (i. d. R. 200 EUR bis 550 EUR monatlich) anzurechnen, wenn der Partner leistungsfähig ist (BGH FamRZ 1995, 343, 346)
- Zuwendungen Dritter (z. B. kostenlose Wohnungsgewährung durch nahe Angehörige): in der Regel (–), da der Zuwendende durch diese freiwilligen Leistungen nicht den Unterhaltspflichtigen entlasten will (BGH FamRZ 1980, 40), anders in Mangelfällen. Wird Gegenleistung erbracht, dann Zuwendung in Höhe des Werts der Leistung als Einkommen anzurechnen (BGH FamRZ 1980, 40).

2. Ausgaben:

(+): Ausgaben werden anerkannt
(–): Ausgaben werden nicht anerkannt

- Abschreibungen: Einzelfallbeurteilung. Kommt bei Arbeitnehmern ohnehin nur selten in Betracht (ausnahmsweise z. B. für beruflich benötigtes Auto oder wichtige Arbeitsmittel). AfA für die Abnutzung von Gebäuden (–), (BGH FamRZ 1984, 39). Gilt auch für Abschreibung nach § 7 b EStG (BGH FamRZ 1986, 48). Bei Selbständigen grundsätzlich (+), allerdings keine Bindung an die steuerlichen Abschreibungssätze (BGH FamRZ 1987, 46); im Zweifel nachzuweisen, ob Investition betriebsnotwendig und sinnvoll war
- Anwaltskosten für Scheidungsverfahren und Folgesachen: Einzelfallbeurteilung. Oft werden angemessene Tilgungsraten für einen hierfür aufgenommen Kredit akzeptiert (BGH FamRZ 1982, 250)
- Arbeitslosenversicherung: (+)
- Arbeitszimmer: nur ausnahmsweise (+), wenn zwingend beruflich erforderlich
- Autohaftpflichtversicherung: nur (+), wenn auch PKW-Nutzung einkommensmindernd anerkannt wird (vgl. PKW-Kosten)
- BAföG-Rückzahlung: (+) bei fälligen Darlehensraten (BGH FamRZ 1986, 148)
- Bausparverträge: Einzelfallbeurteilung im Rahmen der zulässigen Altersvorsorge/Vermögensbildung für das Alter
- Berufsbedingte Aufwendungen: grundsätzlich (+), entweder Pauschale von in der Regel 5 % des Nettoeinkommens (z. B. Süddeutsche Leitlinien 10.2, Kammergericht 10.2.1; teilweise Obergrenze 150 EUR, Untergrenze 50 EUR, z. B. Düsseldorfer Tabelle A. 3) oder in tatsächlicher Höhe gegen konkreten Nachweis. Beispiele: Fahrtkosten zur Arbeitsstätte, Arbeitsmittel, Bewerbungskosten etc. Gilt nicht

beim Selbständigen, da hier die berufsbedingten Aufwendungen bereits bei den Ausgaben seiner Einnahmen-Überschuss-Rechnung voll berücksichtigt sind

- Ausbildungsbedingte Aufwendungen: (+), entweder gegen konkreten Nachweis oder pauschal mit 90 EUR (so Süddeutsche Leitlinien 10.2.3)
- Berufsunfähigkeitsversicherung: bei Selbständigen angemessene Aufwendungen abziehbar
- Berufsverbände: (+), z. B. Gewerkschaftsbeiträge, Beamtenbund, Ärztekammer (OLG Köln FamRZ 1983, 750)
- Betriebsausgaben: grundsätzlich (+), im Zweifel aber nachzuweisen, dass Betriebsausgaben betriebsnotwendig und betriebswirtschaftlich sinnvoll waren, z. B.: Abschreibungen, betriebliche Steuern, Kfz-Aufwendungen, Löhne, Mieten, etc.
- Darlehensverbindlichkeiten: Einzelfallbeurteilung, Von Zweck der Verbindlichkeit, Zeitpunkt und Art ihrer Entstehung, Dringlichkeit der beiderseitigen Bedürfnisse, Kenntnis des Unterhaltsverpflichteten von Grund und Höhe der Unterhaltsschuld, Möglichkeit des Unterhaltsschuldners, die Leistungsfähigkeit in zumutbarer Weise ganz oder teilweise wiederherzustellen und ggf. auch schutzwürdigen Belangen des Drittgläubigers abhängig (BGH FamRZ 1982, 157). Berücksichtigung nur in angemessenen Tilgungsraten und wenn tatsächlich Zahlung erfolgt. Wiederum anders zu beurteilen sein werden Kredite, die im Rahmen der Corona-Krise aus KfW-Mitteln oder anderen Unterstützungbanken gewährt wurden. Sie sind in jedem Fall abzugsfähig, weil sie überhaupt erst geeignet waren, die wirtschaftliche Leistungsfähigkeit zu erhalten.
- Diätkosten: (+), bei Nachweis der ärztlichen Notwendigkeit und der konkreten Mehrkosten
- Einkommensteuer: (+)
- Fahrtkosten zur Arbeitsstelle: (+), als berufsbedingte Aufwendungen abziehbar (vgl. oben). Kraftfahrzeugkosten nur dann (+), wenn Arbeitsstätte nicht in zumutbarer Weise mit öffentlichen Verkehrsmitteln erreichbar ist (BGH FamRZ 1982, 360). Kfz-Kosten vgl. unten. 0,30 EUR pro gefahrenem Kilometer (vgl. OLG Hamm Nr. 10.2.2)
- Fachbücher: (+), als berufsbedingte Aufwendungen (vgl. dort)
- Fortbildungskosten: (+), in angemessenem Rahmen als berufsbedingte Aufwendung (s.o.), z. B. Lehrgangskosten, Tagungsgebühr, Fahrt- und Verpflegungskosten, soweit nicht vom Arbeitgeber erstattet
- Gebäudeversicherung: in der Regel (+)
- Geldbußen und -strafen: in der Regel (–)
- Gerichtskosten: bei Scheidungskosten Einzelfallbeurteilung. Oft wird Tilgung in angemessenen Raten akzeptiert. Bei Selbständigen bei betriebsbedingten Prozessen (+), sonst (–)

- Gewerbesteuer: (+)
- Gewerkschaftsbeiträge: (+), (OLG Frankfurt DAV 1983, 92)
- Grundsteuer: (+)
- Haftpflichtversicherung: private (–), berufliche (+) als berufsbedingte Aufwendungen (siehe oben) oder Betriebsausgaben (siehe oben)
- Hausunkosten: Einzelfallbeurteilung. Zum Teil Unterscheidung nach verbrauchsunabhängigen Kosten z. B. Grundsteuer, Brandversicherung, Haushaftpflicht (+) und verbrauchsabhängigen Kosten wie Heizung, Strom, Gas, Wasser etc. (–) (so Süddeutsche Leitlinien Nr. 5). Beim Elternunterhalt Zins- und Tilgungsleistungen in angemessenen Raten zu berücksichtigen
- Haushaltshilfe: in der Regel (–), es sei denn, Unterhaltspflichtiger ist krank, schwerbeschädigt oder behindert
- Hausrat: (+), bei angemessenen Tilgungsraten für angemessene Anschaffungen
- Hausratversicherung (-) (BGH FamRZ 2010, 1535)
- Instandhaltungsrücklage (+) für konkrete Maßnahmen, die erforderlich sind, um eine ordnungsgemäße Bewohnbarkeit der Immobilie zu gewährleisten (BGH FamRZ 2000, 351)
- Kfz-Kosten: bei Arbeitnehmern als berufsbedingte Aufwendungen (vgl. oben) (+), wenn Arbeitsstelle nicht in zumutbarer Weise mit öffentlichen Verkehrsmitteln erreichbar ist 0,30 EUR pro gefahrenen Kilometer. Ab 30 km Entfernung nur teilweise Anrechnung möglich, vgl. SüdL Nr. 10.2.2. Bei berechtigter PKW-Benutzung Abzug der Betriebs- und Anschaffungskosten und der Rücklagen für notwendig werdende Neuanschaffung, wobei Gesamtkosten im Verhältnis der beruflichen und privaten Nutzung aufzuteilen sind (BGH FamRZ 1982, 360). Betriebskosten (Steuer, Versicherung, Treibstoff, Wartung, Reparaturen) entweder konkret oder nach km-Pauschale (unterschiedlich je nach OLG-Bezirk) abzurechnen. Bei Selbständigen Kosten für Betriebs- PKW absetzbar unter Abzug eines zu schätzenden Privatanteils bei privater Nutzung
- Kindesbetreuungskosten: als berufsbedingte Aufwendungen (+), z. B. Betreuung durch Dritte, wenn erforderlich, um einer Erwerbstätigkeit nachzugehen (BGH FamRZ 1982, 779, SüdL 10.3)
- Kindesunterhalt: (+), ohne Berücksichtigung des Kindergeldes
- Kirchensteuer: (+)
- Krankenversicherungskosten: (+), nach Abzug des Arbeitgeberanteils bei Arbeitnehmern
- Krankheitsbedingter Mehraufwand: (+), gegen Nachweis der konkreten Aufwendungen und ihrer ärztlichen Notwendigkeit, wenn sie nicht von der Krankenkasse ersetzt werden
- Kreditkosten: vgl. oben Darlehensverbindlichkeiten

- Lebensversicherungsbeiträge: (+), bei Arbeitnehmern im Rahmen der zulässigen Altersversorgung. In der Regel neben der gesetzlichen Rentenversicherung 5 % zusätzlich abzugsfähig (wie Riester-Rente). Bei Selbständigen insgesamt 25 % im Rahmen einer angemessenen Vermögensbildung für das Alter.
- Lohnsteuer: (+)
- Mietkosten: Einzelfallbeurteilung
- Pflichtversicherungsbeiträge: (+)
- PKW-Kosten: vgl. oben Kfz-Kosten
- Privatentnahmen: (+), können bei der Berechnung des unterhaltsrechtlich relevanten Einkommens eine Rolle spielen (sie können ein Indiz für ein entsprechendes Einkommen sein). Einzelfallbeurteilung
- Prozesskosten: vgl. oben Gerichtskosten, Anwaltskosten
- Prozesskostenhilferaten: Raten für Scheidungs- und Folgesachen werden in der Regel anerkannt (OLG Karlsruhe FamRZ 1988, 400)
- Rentenversicherungsbeiträge: (+)
- Schuldentilgung: vgl. oben Darlehensverbindlichkeiten
- Steuern: (+)
- Steuernachzahlungen: (+), im Jahr der Zahlung, vgl. SüdL Nr. 1.7. Gestundete Steuerzahlungen aufgrund der Corona-Krise werden wahrscheinlich ebenfalls erst bei Fälligkeit berücksichtigt
- Umgangskosten: Einzelfallbeurteilung. Bei gesundheitlich erforderlichen Besuchen des betagten Elternteils zuhause oder im Heim (+) (OLG Düsseldorf FamRZ 2009, 1077)
- Unfallversicherung: bei Selbständigen (+), bei Arbeitnehmer gesetzl. Unfallversicherung (+). Freiwillige Beiträge wohl ebenfalls (+), (so OLG Hamburg FamRZ 1984, 59)
- Vereinsbeiträge: in der Regel (–), es sei denn berufsbedingt
- Vermögensbildungsaufwendungen: (+) im Rahmen zulässiger Vermögensbildung
- Vermögenswirksame Leistungen: beim Unterhaltsgläubiger (–), beim Pflichtigen abhängig von seinen Einkommensverhältnissen
- Versicherungsbeiträge: notwendige Versicherungsaufwendungen wie Krankenversicherung, Rentenversicherung, Arbeitslosenversicherung (+)
- Vorsorgeaufwendungen: (+), soweit angemessen
- Werbungskosten: vgl. oben berufsbedingte Aufwendungen, Betriebsausgaben. Nicht alle steuerrechtlich anerkannten Werbungskosten werden auch im Unterhaltsrecht berücksichtigt!
- Wohnkosten: (+) je nach Einzelfall
- Zugewinnausgleich: Kreditraten zur Finanzierung des dem anderen Ehegatten geschuldeten Zugewinnausgleichs (+), wenn im Rahmen zulässiger Vermögensbildung oder Schuldentilgung Dann sind auch Kreditkosten als Aufwendungen von

den Einkünften abzuziehen, die der Unterhaltsschuldner aus dem Vermögensgegenstand erzielt (BGH FamRZ 1986, 437; OLG Hamm FamRZ 1985, 483, 484 zum Ehegattenunterhalt)

– Zusatzversicherung zur Krankenkasse: (+).

5. Kapitel

Auskunftsansprüche innerhalb der Familie

Um klären zu können, ob und in welcher Höhe Unterhalt beansprucht werden kann, sind im Vorfeld die wirtschaftlichen Verhältnisse des möglichen Unterhaltschuldners genau zu ermitteln. Zentrale Vorschrift für den Elternunterhalt ist hier § 1605 BGB. Danach sind Verwandte in gerader Linie verpflichtet, einander **auf Verlangen** Auskunft über ihre Einkünfte und ihr Vermögen zu erteilen, soweit es zur Feststellung eines Unterhaltsanspruchs oder einer Unterhaltsverpflichtung erforderlich ist.

Eine Verpflichtung zur unaufgeforderten Auskunft besteht in der Regel nicht.

I. Kreis der Auskunftspflichtigen

Der Auskunftsanspruch besteht wechselseitig zwischen dem Unterhaltsschuldner und -gläubiger. Deshalb hat auch der den Unterhalt fordernde Elternteil auf Verlangen des Kindes seine finanzielle Situation uneingeschränkt offen zu legen.

Eine Pflicht zur Auskunft besteht nur wenn und soweit, wie die Offenlegung der wirtschaftlichen Verhältnisse für die Feststellung eines Unterhaltsanspruchs oder einer Unterhaltsverpflichtung erforderlich ist. Nur wenn die beanspruchten Daten in keinerlei Hinsicht auf die Unterhaltspflicht Einfluss haben, kann eine Auskunft verweigert werden. Wird etwa ein Stiefkind auf Elternunterhalt in Anspruch genommen, liegt ein solcher Fall vor. Mangels Verwandtschaft besteht kein Unterhaltsanspruch.

Sind mehrere Kinder vorhanden, die als Teilschuldner dem betagten Elternteil Unterhalt schulden könnten, muss der Unterhaltsberechtigte jedes Kind einzeln auffordern, Auskunft über seine Einkünfte und sein Vermögen zu erteilen. Da die Kinder als Teilschuldner für den Elternunterhalt aufzukommen haben, hat er dann aus den erhaltenen Einkommensdaten die einzelnen Haftungsanteile zu berechnen. Der mit dem Unterhaltspflichtigen verheiratete Ehegatte kann mangels Verwandtschaft nicht direkt von seinem Schwiegervater/seiner Schwiegermutter auf Auskunft in Anspruch genommen werden (BGH Urteil vom 7.5.2003 – XII ZR 229/00, FamRZ 2003, 1836).

Da der bedürftige Elternteil von jedem Kind nur den Unterhaltsbeitrag verlangen kann, der seiner Haftungsquote entspricht (Teilschuldner), muss er jedem einzelnen Kind zur Begründung seiner Unterhaltsforderung auch die Einkommens- und die Vermögensverhältnisse der Geschwister offenlegen. Den Kindern soll es möglich sein, sich über ihre Unterhaltsverpflichtung selbst Klarheit zu verschaffen. Dies dient der Kontrolle des vom Elternteil errechneten Haftungsanteils.

Die Kinder können auch schon im Vorfeld ein berechtigtes Interesse daran haben, ihre mögliche Haftungsquote selbst ermitteln, z. B. um auf diese Weise ihren jeweiligen Anteil am Elternunterhalt abzustimmen. Bei mehreren Teilschuldnern passiert es immer wieder, dass einzelne Kinder mit überzogenen Forderungen konfrontiert werden. Ein streitiges Unterhaltsverfahren stellt für alle Beteiligten ein zeitaufwendiges und mit einem großen Kostenrisiko verbundenes Unterfangen dar. Eine familienintern abgestimmte Regelung ist deshalb immer die bessere Lösung.

Den Geschwistern steht untereinander analog § 1605 BGB ein eigener Auskunftsanspruch zu, damit sie sich wechselseitig einen Überblick über die wirtschaftlichen Verhältnisse des jeweils anderen verschaffen können (BGH Urteil vom 7.5.2003, FamRZ 2003, 1836). Der Auskunftsanspruch nach § 1605 BGB gibt den Kindern jedoch nicht das Recht, sich direkt an den Ehegatten seiner Geschwister zu wenden und von ihm die Offenlegung seiner Einkommensverhältnisse zu fordern. Den Kindern stehen hier keine weitergehenden Rechte als dem Unterhaltsgläubiger selbst zu. Begründung des **BGH**:

> „Beteiligte des infrage stehenden Unterhaltsrechtsverhältnisses sind nur die Kinder sowie der Unterhaltsberechtigte. Die Ehegatten des Unterhaltspflichtigen schulden dem Elternteil keinen Unterhalt und können deshalb auch nicht am Ausgleich beteiligt sein. Die bloße Notwendigkeit der Kenntniserlangung oder ein rechtliches Interesse reichen für einen Auskunftsanspruch nicht aus, der sich auf die Grundsätze von Treu und Glauben stützt".

Es bleibt nur der Weg über den direkten Angehörigen. Der Bruder bzw. die Schwester muss aufgefordert werden, zum einen die eigenen Einkommensverhältnisse offen zu legen und zum anderen mitzuteilen, wie es um die Einkünfte des Ehegatten bestellt ist. Diese Verpflichtung in Bezug auf die Schwägerin/den Schwager begründet der BGH damit, dass der Ehegatte kein unbeteiligter Dritter, sondern mit dem Unterhaltspflichtigen verheiratet ist und sich die Eheleute wechselseitig Familienunterhalt schulden. Deshalb haben sie auch untereinander Anspruch darauf, sich über die für die Höhe des Familienunterhalts maßgeblichen finanziellen Verhältnisse auszutauschen.

Wenn und soweit die Kenntnis über die Einkommensverhältnisse des angeheirateten Ehegatten erforderlich ist, weil diese eine Grundlage für die Beurteilung des Unterhaltsanspruchs bilden, muss der Ehegatte akzeptieren, dass seine Verhältnisse dem Auskunftsberechtigten bekannt gemacht werden (BGH Urteil vom 8.6.2010, FamRZ 2011, 21). Belege müssen hingegen nicht vom Schwiegerkind bzw. dem Verschwägerten vorgelegt werden.

Wendet der Schuldner ein, er könne aus finanziellen Gründen keinen Elternunterhalt zahlen, muss er trotzdem seine Einkommensunterlagen vorlegen. Nur auf diese Weise kann vom Unterhaltsgläubiger geprüft werden, ob es sich tatsächlich so verhält. Auch wenn der Unterhaltsschuldner erklärt, der Unterhaltsanspruch seines Elternteils sei wegen grober Unbilligkeit verwirkt, befreit ihn dieser

Einwand nicht von seiner Auskunftspflicht. Ob der Elternunterhalt ganz oder nur teilweise verwirkt ist, kann maßgeblich bei der Frage nach der Billigkeit von seinen wirtschaftlichen Verhältnissen abhängen.

II. Umfang der Auskunftspflicht

Die Auskunft umfasst sämtliche Einkünfte, egal aus welcher Einkommensquelle sie herrühren. Auch über Erstattungen von Lohn- und Kirchensteuer sowie Solidaritätszuschlag, die der Pflichtige im Auskunftszeitraum vom Finanzamt erhalten hat, ist Rechenschaft abzugeben. Bei einem Selbstständigen bzw. einem Gewerbetreibenden hängt in der Regel seine finanzielle Leistungsfähigkeit vom Gewinn ab, den er mit seiner freiberuflichen Tätigkeit bzw. mit seinem Betrieb erwirtschaftet hat. Die Auskunft erstreckt sich neben den aus Vermögen erzielten Einkünften ferner auch auf die Höhe des Vermögens selbst.

Die Auskunft erfolgt durch Vorlage einer systematisch gegliederten Aufstellung, in der der Schuldner die erforderlichen Angaben über seine gesamten Einkünfte und sein Vermögen macht. Dem Gläubiger muss es möglich sein, ohne übermäßigen Arbeitsaufwand die Leistungsfähigkeit des anderen zu prüfen und sein Einkommen zu berechnen. Die Vorlage allein von Einkommensunterlagen, Rechnungen, Quittungen etc., die vielleicht sogar noch unsortiert sind, reicht für eine geordnete Auskunft nicht aus. Der Unterhaltsbedürftige kann vom Schuldner die Erstellung eines Verzeichnisses verlangen, das er persönlich zu unterschreiben hat.

Nichtselbständige Unterhaltsschuldner sollen in der Regel nur für die zurückliegenden zwölf Monate, gerechnet ab dem Auskunftsverlangen, ihre Einkommensverhältnisse offen legen. Ausnahmsweise kann ein längerer Zeitraum abgefragt werden, wenn die Verdienstbezüge etwa durch (erfolgsabhängige) Tantiemen bzw. Gewinnbeteiligungen von Jahr zu Jahr starken Schwankungen unterliegen.

Selbständige, Gewerbetreibende und freiberuflich Tätige haben wegen ihrer regelmäßig schwankenden Einkünfte ihr Einkommen für mehr als ein Jahr offen zu legen. Die Auskunftspflicht erstreckt sich hier in der Regel auf drei Kalenderjahre. Je nach Lage des einzelnen Falles kann die Auskunft bis auf maximal fünf Geschäftsjahre ausgeweitet werden.

III. Belegpflichten

Der Unterhaltsgläubiger hat das Recht, selbst die Angaben des Schuldners zu überprüfen. Deshalb kann er verlangen, dass ihm dieser über die Höhe des mitgeteilten Einkommens Belege, insbesondere Bescheinigungen des Arbeitgebers vorlegt (§ 1605 Abs. 1 Satz 2 BGB).

Auch die Belegpflicht besteht nur insoweit, als die angeforderten Unterlagen für die Feststellung des Unterhaltsanspruches benötigt werden. Es kann beispielsweise nicht verlangt werden, dass die gesamte Buchführung offen gelegt wird.

Bei Arbeitnehmern kann die Auskunft durch eine genau aufgeschlüsselte Bescheinigung des Arbeitgebers erfolgen, die z. B. folgende Angaben enthalten muss: Bruttolohn einschließlich Weihnachtszuwendungen und sonstige Zuwendungen, wie etwa Erfolgsbeteiligungen und Urlaubsgeld, Spesen, Übernachtungsgelder, sonstige Reisekosten, Zuwendungen des Arbeitgebers zur Vermögensbildung. Die einbehaltene Lohn- und Kirchensteuer ist aufzuführen und es sind Angaben zu der vom Arbeitnehmer gewählten Steuerklasse zu machen. Auch die Abzüge für Renten- und Arbeitslosenversicherung sowie Kranken- und Pflegeversicherung müssen mitgeteilt werden.

Tipp:

In der täglichen Praxis scheuen viele Arbeitnehmer den Weg zum Arbeitgeber und legen stattdessen als Auskunft dem Gläubiger ihre laufenden Verdienstabrechnungen der letzten 12 Monate vor. Auch hierbei handelt es sich um eine ordnungsgemäße Offenlegung der Einkünfte.

Überreicht der zur Auskunft Verpflichtete lediglich eine Jahreslohnsteuerbescheinigung aus dem Vorjahr, sollte man folgendes wissen: Auf dieser Bescheinigung werden lediglich die zu versteuernden Einkünfte vermerkt. Bezieht der Schuldner neben diesen Einkommensbezügen zusätzlich noch Gehaltsteile, die nicht der Steuer unterliegen, wie etwa Zuschläge für Nacht-, Feiertags- und Sonntagsarbeit, erscheinen diese in der Jahreslohnsteuerbescheinigung nicht. Der Auskunftsberechtigte muss sich deshalb damit nicht zufrieden geben.

Besteht Unklarheit über das Erwerbseinkommen, kann unter Umständen auch die Vorlage des Arbeitsvertrages gefordert werden (BGH Urteil vom 6.10.1993, FamRZ 1994, 28).

Die im Auskunftszeitraum erfolgte Erstattung oder Nachzahlung von Einkommen- und Kirchensteuer sowie Solidaritätszuschlag wird mit der Vorlage des Einkommensteuerbescheides belegt. Diesen Nachweis muss der Auskunftsschuldner auch dann vorlegen, wenn er mit seinem Ehegatten zusammen die Einkommensteuererklärung abgegeben hat. Auf diese Weise wird regelmäßig auch gleichzeitig das Einkommen des Schwiegerkindes offenbart. Die ihn betreffenden Angaben können jedoch geschwärzt werden.

Bei einem Selbständigen kann verlangt werden, dass er neben seinen Einkommensteuerbescheiden der letzten drei Jahre auch Kopien der Einkommensteuererklärungen mit sämtlichen Anlagen vorlegt. Nur aus der Gesamtheit dieser Unterlagen lässt sich erkennen, welche Teile seines Einkommens berücksichtigt wurden und inwieweit er steuerlich anerkannte Absetzungen gemacht hat, die aber im Unterhaltsbereich nicht zu einer Verringerung des unterhaltsrelevanten Einkommens führen. Die Steuererklärung muss der Unterhaltsschuldner nur dann nicht vorlegen, wenn er seine Einkünfte bereits in anderer Weise hinreichend belegt hat oder wenn aufgrund besonderer Umstände die Gefahr droht, dass die zur Vorlage gebrachten Steuerunterlagen missbräuchlich verwendet werden (BGH Urteil vom 7.4.1982, FamRZ 1982, 680 (682)).

Außerdem muss ein Selbständiger für die vergangenen drei bis maximal fünf letzten Jahre Bilanzen nebst Gewinn- und Verlustrechnungen einschließlich Anlageverzeichnis vorlegen. Die Auskunft ist unabhängig vom Stand der Bilanzarbeiten innerhalb von 6 Monaten nach Ablauf eines Geschäftsjahres geschuldet (OLG Bamberg Beschluss vom 7.9.1988, FamRZ 1989, 423). Dabei sind all diejenigen Belege herauszugeben, die aussagekräftige Angaben zu seinem Gewinn erlauben.

Bei nichtbilanzierenden Gewerbetreibenden und Freiberuflern, die den Gewinn durch eine Einnahmen- und Überschussrechnung ermitteln, sind jedenfalls die Gewinn- und Verlustrechnungen einschließlich Anlagenverzeichnis der maßgeblichen Auskunftsjahre nebst den in diesen Jahren ergangenen Einkommensteuerbescheiden vorzulegen. Auch Umsatzsteuerbescheide und die dazugehörenden Erklärungen können im Einzelfall einen hohen Informationswert besitzen und sind deshalb auf Verlangen offen zu legen.

Sollte der Verdacht bestehen, dass der Auskunftspflichtige unvollständige Angaben gemacht hat, kann auch die Vorlage von weiteren Geschäftsunterlagen, wie Verträge und andere Einzelbelege verlangt werden.

Die Einkünfte aus Kapitalvermögen können durch Bankbescheinigungen wie etwa Depot-Auszüge oder Zinsbescheinigungen belegt werden. Der Einkommensteuerbescheid allein ist nicht aussagekräftig.

Mieteinkünfte sind durch Vorlage der Einnahmen-Überschussrechnungen, Erklärungen zur Einkommensteuer und Steuerbescheide nachzuweisen.

Auf Verlangen ist auch Auskunft über den Stamm des Vermögens zu erteilen. Es liegt in der Natur der Sache, dass sich diese Auskunft nicht auf einen längeren Zeitraum beziehen kann, sondern nur auf einen konkreten Stichtag. Allenfalls bei Erwerb weiteren Vermögens kann der Unterhaltspflichtige zur erneuten Offenlegung seines Vermögens verpflichtet sein (OLG Karlsruhe Urteil vom 5.12.1985, FamRZ 1986, 271). Für welchen Zeitpunkt genau die Vermögensauskunft zu erteilen ist, ergibt sich nicht aus dem Gesetz. Unterhaltsrechtlich gesehen dürfte am ehesten auf den Tag abzustellen sein, zu dem der Unterhaltspflichtige die Aufforderung zur Auskunft erhalten hat. In der Praxis kommt immer wieder vor, dass

Sozialämter die Darlegung der Einkommensverhältnisse aus den letzten drei Monaten vor Zugang der Aufforderung verlangen.

Nach dem eindeutigen Wortlaut des Gesetzes besteht nur eine Belegpflicht für Einkünfte, nicht aber für das Vermögen. Die Vorlage von Kontoauszügen kann deshalb nicht beansprucht werden. Der Auskunftsgläubiger kann in der Regel auch nicht verlangen, über den Verbleib eines Vermögensgegenstandes informiert zu werden (OLG Karlsruhe Urteil vom 5.12.1985, FamRZ 1986, 271).

Wenn Grund zu der Annahme besteht, dass der Verpflichtete das Verzeichnis nicht mit der erforderlichen Sorgfalt erstellt hat, kann von ihm verlangt werden, dass er zu Protokoll an Eides Statt versichert, die Auskunft nach bestem Wissen so vollständig abgegeben zu haben, wie er hierzu in der Lage war (§ 260 Abs. 2 BGB).

Der Auskunftsschuldner kann sich unter bestimmten Umständen mit einer unrichtigen oder nicht vollständigen Auskunft schadensersatzpflichtig oder bei Abgabe einer falschen eidesstattlichen Erklärung strafbar machen.

Vor Ablauf von zwei Jahren kann erneut nur dann eine Auskunft verlangt werden, wenn der Auskunftsgläubiger glaubhaft macht, dass der andere seit der letzten Auskunft wesentlich höhere Einkünfte oder weiteres Vermögen erworben hat (§ 1605 Abs. 2 BGB). Generell muss der Auskunftsverpflichtete also nur alle zwei Jahre eine neue Auskunft erteilen. Die Sperrfrist beginnt mit dem Zeitpunkt der zuletzt erteilten Auskunft (OLG Hamm Beschluss vom 25.8.2004, FamRZ 2005, 1585). Der Auskunftsberechtigte muss eine wesentliche Einkommenssteigerung glaubhaft machen können, ein bloßer Verdacht oder eine reine Vermutung reicht nicht aus.

6. Kapitel

Verwirkung von Unterhalt wegen grober Unbilligkeit

Bedürftige Eltern können ihren Unterhaltsanspruch teilweise oder im äußersten Fall ganz verlieren. Nach § 1611 BGB können dafür Gründe den Ausschlag geben, die in der Person des Bedürftigen liegen und die seine Forderung nach Unterhalt als unbillig erscheinen lassen. Dies ist möglich, wenn der Elternteil

a) durch sein sittliches Verschulden bedürftig geworden ist;

b) zu einem früheren Zeitpunkt seine eigene Unterhaltspflicht gegenüber dem jetzt auf Elternunterhalt in Anspruch genommenen Kind gröblich vernachlässigt hat oder

c) sich einer schweren Verfehlung gegen das unterhaltspflichtige Kind selbst oder einen nahen Angehörigen des Kindes schuldig gemacht hat.

Die Grenzen zwischen den drei in § 1611 BGB aufgeführten Fallgruppen sind in sich fließend. Sittliches Verschulden kann etwa mit der Vernachlässigung der eigenen Unterhaltspflicht und einer schweren vorsätzlichen Verfehlung einhergehen. In jedem Fall muss das Fehlverhalten von erheblichem Gewicht sein; ein bloß anstößiges Verhalten reicht nicht aus. Folgende Beispiele sollen diese Vorschrift näher erläutern:

I. Sittliches Verschulden im Sinne des § 1611 Alternative 1

Ist der Unterhaltsbedürftige infolge eines wie auch immer gearteten Suchtverhaltens (Alkohol, Drogen, Spielleidenschaft) in Not geraten, kann ihm ggf. ein „sittliches Verschulden“ vorgeworfen werden, das je nach Ausmaß seines Fehlverhaltens zu einer Kürzung bis hin zu einem gänzlichem Verlust seines Unterhaltes führen kann. Die Grenze zur Krankheit ist jedoch gerade in diesen Fällen schnell überschritten. Hat das Suchtverhalten in der Zwischenzeit einen Krankheitswert erreicht, kann der Unterhalt nur angetastet werden, wenn dem Kranken zum Vorwurf gemacht werden kann, er habe zu einer Zeit, als er noch einsichtsfähig war, es schuldhaft unterlassen, seinem Suchtverhalten gegenzusteuern, etwa dadurch, dass er eine erfolgversprechende Therapie gar nicht angefangen oder eine begonnene Maßnahme willkürlich abgebrochen hat. Zusätzlich zur Einsichtsfähigkeit muss der Betreffende also auch noch in der Lage gewesen sein, sein Verhalten zu steuern (OLG Karlsruhe Urteil vom 28.7.2010, FamRZ 2010, 2082).

Das Amtsgericht Frankfurt hatte über einen Sachverhalt zu entscheiden, in dem elterliches Fehlverhalten zum völligen Ausschluss des Elternunterhaltes geführt hat. Diese Entscheidung wird deshalb näher geschildert als

Beispiel: Eine Mutter hatte ihre damals 17 Jahre alte Tochter „vor die Tür gesetzt", weil die Frau mit ihrem Freund zusammenziehen wollte. Schon in den Jahren davor hatte die Frau ihren Haushalt sträflich vernachlässigt, sodass sich die Tochter selbst um das Notwendigste kümmern musste. Nach dem Rauswurf brach die Tochter ihre Ausbildung ab und konnte nur mit Mühe wieder in geordnete Lebensverhältnisse zurückfinden. Von der Mutter wurden die ihr zur Last gelegten Vorwürfe nicht bestritten. Sie machte jedoch geltend, sie sei schon damals von Alkohol und Tabletten abhängig gewesen und habe deshalb nicht mehr die volle Einsichts- und Steuerungsfähigkeit gehabt. Dies ließ das Amtsgericht nicht als Entschuldigung gelten. Auch wenn es sich in dem Zeitpunkt, als sie die Tochter aus der Wohnung warf, tatsächlich so verhalten habe, würde dies allenfalls zu einer eingeschränkten Zurechnungsfähigkeit im strafrechtlichen Sinne führen, nicht aber zu einer völligen Schuldunfähigkeit. Im Übrigen hätte die Mutter aufgrund des Alkohol- und späteren Tablettenmissbrauchs ihre eingeschränkte Schuldfähigkeit selbst herbeigeführt. Im Ergebnis sprach das Gericht der Mutter ihren Unterhaltsanspruch gänzlich ab. Sie habe ein derart gravierendes Fehlverhalten an den Tag gelegt, dass die Inanspruchnahme auf Unterhalt grob unbillig sei (AG Frankfurt Urteil vom 9.12.2005 – 404 F 4366/05 UE).

Einem in Not geratenen Elternteil kann im Alter auch dann der Elternunterhalt gekürzt oder gänzlich gestrichen werden, wenn er es z. B. in früheren Jahren trotz hoher Einkünfte unterlassen hat, Rücklagen für sein Alter zu bilden. Dieses verantwortungslose Verhalten kann ebenfalls als „sittliches Verschulden" betrachtet werden.

II. Verletzung der eigenen Unterhaltspflicht im Sinne des § 1611 Alternative 2

Hat der bedürftige Elternteil selber an das jetzt in die Pflicht genommene Kind keinen Unterhalt geleistet, als es in jungen Jahren noch nicht allein für seinen Lebensunterhalt aufkommen konnte, kann dies zu einer Kürzung des Elternunterhalts bis hin zum völligen Wegfall führen. Es kommt auch hier wieder auf sämtliche Umstände des einzelnen Falles bei der Frage an, inwieweit die Vernachlässigung der eigenen Unterhaltspflicht für das Kind ernsthafte, möglicherweise seine Existenz bedrohende Folgen gehabt hat. Diesen Vorwurf kann man sowohl dem Elternteil machen, der für den Kindesunterhalt in bar verantwortlich war als auch demjenigen, der das Kind in seinem Haushalt gröblich vernachlässigt und damit gegen seine Verpflichtung, für den Naturalunterhalt aufzukommen, verstoßen hat. Bei der Beurteilung der Frage, ob eine grobe Unbilligkeit wegen gröblicher Vernachlässigung der Unterhaltspflicht des nunmehr in Not geratenen Elternteils vorliegt, kann auch der historische Hintergrund (Flucht der Mutter Ende 1945 aus Oberschlesien unter Zurücklassung des damals 2 1/2 Jahre alten Sohnes in Polen) zu berücksichtigen sein (OLG Celle Urteil vom 2.11.2010, FamRZ 2011, 984).

III. Schwere Verfehlung im Sinne des § 1611 Alternative 3

Eine vorsätzliche Verfehlung gegen den Unterhaltspflichtigen selbst oder einen seiner nahen Angehörigen wird etwa bejaht bei schweren tätlichen Angriffen, Verleumdung, Bedrohung, Erpressung, Nötigung, bewusst falscher Strafanzeige, Prozessbetrug. Immer muss es sich um gravierende Verfehlungen handeln. Auch das Zurücklassen des Kleinkindes bei den Großeltern oder das Nichtkümmern um das Kind nach der Ehescheidung der Eltern kann dazu führen, dass kein Anspruch auf Elternunterhalt besteht oder nur noch ein nach Billigkeitserwägungen gekürzter Unterhaltsbeitrag geschuldet wird.

Die hier einschlägigen Kriterien verdeutlicht eine Entscheidung des BGH (Beschluss vom 12.2.2014 – XII ZB 607/12, FamRZ 2014, 541) in folgendem

Beispiel: Ein 60 Jahre alter Sohn wurde vom Sozialhilfeträger aufgefordert, für seinen im Heim lebenden Vater Elternunterhalt zu bezahlen. Konkret ging es um einen Betrag von 9.000 EUR im Rahmen der Kostenerstattung. Der Sohn wehrte sich gegen seine Inanspruchnahme und behauptete, der Vater habe durch sein früheres Verhalten den Unterhaltsanspruch verwirkt. Es sei grob unbillig, ihn jetzt für dessen Lebensunterhalt in Anspruch zu nehmen. Zur Begründung führte er an, dass sich seine Eltern im Mai 1971 getrennt haben. Nach der vom Vater ausgegangenen Trennung hatte sich dieser sofort von der Familie endgültig abgewandt und ein Jahr später auch den Kontakt zu dem damals fast erwachsenen Sohn abgebrochen. Bis zum Tod des Vaters vergingen 27 Jahre, in denen es keinen Kontakt gab. In seinem Testament verfügte der Vater, der Sohn sollte nur den „strengsten Pflichtteil" erhalten. Die beiden Vorgerichte, die das Verhalten des Vaters zu beurteilen hatten, sahen darin ebenfalls eine schwere Verfehlung und sprachen sich für einen gänzlichen Unterhaltsausschluss aus. Der BGH teilte diese Auffassung jedoch nicht. Auch nach seiner Meinung stellt zwar ein vom Elternteil ausgehender Kontaktabbruch regelmäßig eine erhebliche Verfehlung dar, jedoch führt dieses Fehlverhalten nur ausnahmsweise zur Verwirkung des Elternunterhaltes und zwar dann, wenn weitere Umstände vorliegen, die sein Verhalten als schwere Verfehlung erscheinen lassen. Für den BGH gab letztlich den Ausschlag, dass der Vater noch bis zum 17. Geburtstag des Sohnes mit der Familie zusammengelebt hatte und bis dahin für deren Unterhalt gesorgt hatte. Er war damit in den ersten 18 Lebensjahren des Sohnes präsent gewesen, also genau in der Zeit, in der dieser ihn am nötigsten brauchte. Da der Sohn auch ansonsten in der Lage war, für den Elternunterhalt aufzukommen, musste er im Ergebnis den verlangten Unterhaltsbetrag ohne Einschränkung bezahlen.

Das elterliche Fehlverhalten wiegt umso schwerer, je jünger das Kind ist, um das sich der jetzt unterhaltsbedürftige Elternteil seinerzeit nicht gekümmert hat. Umgekehrt gilt: Je länger der betagte Elternteil in den zurückliegenden Jahren für den Sohn/die Tochter gesorgt hat, desto weniger greift der Einwand der Verwirkung wegen grober Unbilligkeit

Weitere Fallkonstellationen in der Übersicht. Verwirkung bejaht (+), Verwirkung abgelehnt (–):

Unterbringung in einer Pflegefamilie gegen den Willen des Kindes	(+) Amtsgericht Warendorf, Beschluss vom 7.1.2015 – 9 F 656/1, FamRZ 2015, 1508
Verletzung der tatsächlichen Unterhaltspflicht, weil die Mutter über eine längere Zeit nicht nur elementare Bedürfnisse ihrer Kinder nach Versorgung mit Nahrung und Hygiene, sondern auch die körperliche und sexuelle Integrität missachtet hat	(+) Oberlandesgericht Frankfurt am Main Beschluss vom 22.3.2016 – 2 UF 15/16
Schwere Verfehlungen des Vaters, jedoch hatte die Tochter ihn über mehrere Jahre danach noch besucht. Gericht wertete dies als Vergebung.	(–) OLG Celle Beschluss vom 19.8.2014 – 10 UF 186/14
Der Vater hatte nach dem Tod der Mutter seinen Sohn an die Großeltern in der Zeit ab 1956 in der damaligen Sowjetunion übergeben	(–) OLG Celle Beschluss vom 19.8.2014 – 10 UF 186/14, FamRZ 2015, 71
Die Tochter wuchs mit mehreren Geschwistern im Haushalt ihrer Eltern auf und wurde im Alter von 12 Jahren durch ihren 14-jährigen Bruder vergewaltigt. Die dadurch entstandene Schwangerschaft wurde erst im 5. Monat bemerkt; sie brachte in einem Mutter-Kind-Heim ein schwerstbehindertes Kind zur Welt. Die Eltern hatten die Schwangerschaft nach außen verheimlicht und Falschangaben zur Abstammung gemacht. Die	(+/–) Kürzung der Unterhaltsansprüche auf 1/3 des geschuldeten Betrages. OLG Karlsruhe Beschluss vom 22.1.2016 – 20 UF 109/14, FamRB 2016, 171

Tochter war durch die Vorfälle in der Kindheit traumatisiert und musste nach kurzer Berufstätigkeit in Frührente gehen.	
Die Eltern des Sohnes hatten sich getrennt und der Sohn blieb bei dem Vater, nachdem die Mutter zu ihrer Lebensgefährtin gezogen war. Der Vater konsumierte Alkohol und Cannabis und zog den Sohn im Alter von 15 Jahren in den Rauschgiftkonsum hinein. Der Vater kam dann später wegen Alkoholerkrankung in ein Pflegeheim. Dem Sohn ist es gelungen, mithilfe der Drogenberatung die Sucht zu überwinden.	(+) AG Bremen Beschluss vom 10.11.2015 – 64 F 2866/14 UV, FamRB 2016, 337

Fazit: Im Streitfall nehmen Gerichte eine sehr dezidierte Einzelfallbetrachtung vor und erwägen die Schwere des Fehlverhaltens und die Zumutbarkeit von Zahlungen gegeneinander ab, wobei die Zeitabläufe und das jeweilige Verhalten der Beteiligten sehr genau analysiert werden. In der Praxis gelingt es aber oft, den Mitarbeiter des Sozialamtes von der Unbilligkeit der Unterhaltsforderung zu überzeugen, wenn der Sachverhalt nachvollziehbar dargestellt wird und Beweise vorgelegt werden können. Dann kann die Verwirkung auch durchgreifen, ohne dass erst ein aufwändiges gerichtliches Verfahren geführt werden muss.

Sind mehrere Kindern als mögliche Unterhaltspflichtige vorhanden, führt der Wegfall eines Verwandten nicht zu einer erhöhten Haftungsquote der anderen. Kann also der bedürftige Elternteil ein Kind wegen dessen berechtigten Einwandes der groben Unbilligkeit nicht in Anspruch nehmen, kann er von den anderen Geschwisterkindern **deswegen** nicht mehr verlangen (§ 1611 Abs. 3 BGB). Würde dieses Kind jedoch wegen mangelnder Leistungsfähigkeit ohnehin als Unterhaltsschuldner weggefallen, gilt wieder die reguläre Haftung. Die anderen Kinder haben dann entsprechend ihren jeweiligen Einkommens- und Vermögensverhältnissen für den gesamten Bedarf des Elternteils aufzukommen.

Wegen der finanziellen Entlastung, die die Vorschrift des § 1611 BGB mit sich bringen kann, berufen sich viele erwachsene Kinder auf grobe Unbilligkeit, machen jedoch hierfür nur unzureichende Angaben. Zwei Gesichtspunkte, die dabei eine wichtige Rolle spielen, werden im Folgenden dargestellt:

IV. Familiäres Spannungsfeld

Gerade im familiären Geflecht gibt es immer wieder Spannungen und Störungen zwischen den Generationen. Das Verhalten der Eltern wird von den Kindern häufig als grob unbillig betrachtet, während es objektiv gesehen durchaus noch hinnehmbar ist. Speziell in Fragen von Moral, Ethik und Religion teilen etliche Kinder im Laufe ihrer Entwicklung nicht mehr die Einstellung ihrer Eltern. Auch deswegen kann es zu erheblichen Zerwürfnissen kommen. Inwieweit sich dies auf den Elternunterhalt auswirkt, kann nur im einzelnen Fall geklärt werden. Hier muss in jedem Einzelfall eine umfassende Abwägung aller maßgeblichen Umstände erfolgen, wobei auch das eigene Verhalten des Kindes zu berücksichtigen ist.

Wenn sich im Laufe der Jahre wieder ein normales Eltern/Kind-Verhältnis entwickelt hat, wird das Kind häufig nicht mehr mit dem Einwand der **groben Unbilligkeit** zu hören sein. Liegen konkrete Anzeichen dafür vor, dass der auf Elternunterhalt in Anspruch Genommene seinem Elternteil inzwischen verziehen hat, kann sich die Situation auch noch einmal anders darstellen. Hat das Kind nach dem Streit von der Mutter/dem Vater wieder Geschenke angenommen oder andere Zuwendungen behalten, kann ebenfalls der Einwand der Verwirkung leer laufen.

Achtung:

Der Träger der Sozialhilfe hat mit § 94 SGB XII auch noch eigene Billigkeitsvorschriften zu beachten. Das Landessozialgericht für das Land Nordrhein-Westfalen hatte etwa im Jahr 2010 zu entscheiden, ob der Unterhaltsanspruch eines hilfebedürftigen Mannes auf den Träger der Sozialhilfe übergegangen war. Der Vater hatte die Tochter als noch Minderjährige aus der Wohnung geworfen und anschließend 34 Jahre jeden Kontakt mit ihr abgelehnt. Außerdem hatte er gegenüber Dritten erklärt, die Tochter sei verstorben. Insgesamt gesehen ergab sich daraus für das Gericht eine derart tief greifende und dauerhafte Beeinträchtigung schutzwürdiger persönlicher Belange der beklagten Tochter, dass es einen Unterhaltsanspruch des Vaters ablehnte (Landessozialgericht für das Land Nordrhein-Westfalen Urteil vom 1.9.2010 – L 12 SO 61/09, BeckRS 2010, 74364) (Näheres dazu in Kapitel 9).

V. Beweislast des Kindes

Welcher Vorwurf auch immer dem Elternteil zu machen ist, das Kind ist für seine Behauptungen beweispflichtig. In allen Fallgruppen ist deshalb von entscheidender Bedeutung, den Sachverhalt möglichst detailliert zu schildern, am besten mit zeitnah gemachten Aufzeichnungen, und mittels Unterlagen oder/und Zeugen zu belegen. Kann anhand von Urkunden, etwa einem Unterhaltstitel in Kombination mit anderen Unterlagen (Jugendamtsberichten etc.) eindeutig dokumentiert werden, dass der Vater seit Geburt an keinen Kindesunterhalt gezahlt hat, stehen die Chancen für eine völlige Befreiung vom Elternunterhalt gut. Natürlich kann dieser Sachverhalt auch von der Kindesmutter als Zeugin unter Beweis gestellt werden. Wenn sie bestätigen kann, dass das Sozialamt oder die Unterhaltvorschussstelle seinerzeit für den notwendigen Lebensbedarf eingesprungen ist, ist in aller Regel kein Elternunterhalt zu zahlen.

Tipp:

Das Fehlverhalten des Elternteils kann jahrzehntelang zurückliegen, wenn er selbst oder der Träger der Sozialhilfe Elternunterhalt beansprucht. Zeugen können sich dann entweder nicht mehr an die genauen Einzelheiten erinnern oder sie stehen gar nicht mehr zur Verfügung. Deshalb kann es hilfreich sein, dass die Betroffenen den fraglichen Sachverhalt beizeiten schriftlich dokumentieren und auch Zeugen bitten, ihre Wahrnehmungen zu fixieren. Bei älteren Zeugen empfiehlt es sich, die Zeugenaussage als eidesstattliche Versicherung durch einen Notar auffliegen zu lassen. Handelt es sich um eine Verletzung der Unterhaltspflicht, sind hierfür wichtige Belegurkunden: der seinerzeitige Unterhaltstitel und Schriftstücke der Unterhaltsvorschussstelle bzw. des Hilfeträgers, aus denen hervorgeht, dass staatliche Stellen für den Kindesunterhalt aufgekommen sind. Hilfreich ist es auch, wenn vergebliche Vollstreckungsversuche dokumentiert sind, zum Beispiel durch entsprechende Protokolle des Gerichtsvollziehers.

7. Kapitel

Unterhalt für die Vergangenheit

Elternunterhalt kann für die Vergangenheit nur von dem Zeitpunkt ab verlangt werden, zu dem der Unterhaltspflichtige aufgefordert wurde, seiner Unterhaltspflicht nachzukommen. Sobald die Lebensverhältnisse des alten Menschen eine finanzielle Unterdeckung bei seinem Lebensbedarf zeigen, ist es wichtig, sofort Schritte in die Wege zu leiten, damit kein Unterhalt verloren geht. Unterhaltssachen können sich über Monate, wenn nicht gar Jahre, hinziehen, bis es zu einer abschließenden Regelung kommt und der Unterhalt gezahlt wird. Auch der Schutz des Schuldners gebietet es, ihn nicht unvorbereitet mit hohen Rückstandsforderungen zu konfrontieren.

I. Verzug

Damit Unterhalt für die Vergangenheit verlangt werden kann, muss der Schuldner rechtzeitig in Verzug gesetzt worden sein. Was muss hierzu getan werden?

Im Unterhaltsrecht kann dies nach § 1613 BGB auf dreierlei Weise erfolgen.

- Der in finanzielle Notlage geratene Elternteil setzt sich umgehend mit dem unterhaltspflichtigen Verwandten in Verbindung und fordert ihn auf, seine Einkommens- und Vermögensverhältnisse offenzulegen, um auf dieser Basis seinen Unterhaltsanspruch ausrechnen zu können. Dies ist der einfachste und wirksamste Weg, seine möglichen Unterhaltsansprüche ohne Zeitverlust abzusichern. Rückständiger Unterhalt kann in diesem Fall ab Zugang der Aufforderung, Auskunft zu erteilen, beansprucht werden. Bestreitet der Unterhaltsschuldner, diese Aufforderung erhalten zu haben, ist der Unterhaltsgläubiger für den Zugang beweispflichtig. Auch wenn zwischen dem Auskunftsersuchen und der Geltendmachung des Unterhaltes, notfalls im Klageweg, einige Zeit vergeht, stehen dem Unterhaltsgläubiger seine berechtigten Forderungen auch rückwirkend ab Auskunftsanforderung zu.

- In den – seltenen – Fällen, in denen der Unterhaltsberechtigte bereits über die wirtschaftlichen Verhältnisse des Verpflichteten vollständig Bescheid weiß, kann der Unterhaltspflichtige von ihm auch gleich aufgefordert werden, einen genau bestimmten Betrag ab Zugang der Zahlungsaufforderung laufend zu zahlen. Damit kommt der Schuldner in Verzug. Auch hier ist wieder der Gläubiger beweispflichtig, wenn der Schuldner etwa bestreitet, das Aufforderungsschreiben erhalten zu haben.
- Ferner kann der Elternunterhalt auch rückwirkend ab dem Zeitpunkt beansprucht werden, ab dem das Unterhaltsverfahren bei Gericht rechtshängig ist, sprich die Antragsschrift dem Unterhaltsschuldner zugestellt worden ist.
- Im Unterhaltsbereich sind die 2. und die 3.Variante selten anzutreffen. In aller Regel ist es einfacher, den Schuldner durch das Auskunftsverlangen in Verzug zu setzen. Bei einer Mahnung nach § 268 BGB in der 2. Alternative ist der geforderte Unterhalt schon konkret zu beziffern. Gleich das Gericht einzuschalten, wenn die Hilfebedürftigkeit beim Unterhaltsgläubiger einsetzt, ist auch nicht üblich. In der Praxis wird regelmäßig erst ausgelotet, inwieweit eine außergerichtliche Verständigung möglich ist. Die einfachste Variante ist deshalb, den Schuldner aufzufordern, seine Einkommensverhältnisse offen zu legen und ihn auf diese Weise in Verzug zu setzen.
- Der Unterhalt wird ab dem 1. des Monats, in dem das Verzugs- oder Auskunftsschreiben beim Schuldner einging bzw. die Forde-

rung rechtshängig wurde, geschuldet, wenn zu diesem Zeitpunkt ein Unterhaltsanspruch bestand.

II. Die Verwirkung rückständiger Unterhaltsforderungen

Bei Unterhaltsforderungen für die Vergangenheit ist Folgendes zu beachten: Betreibt der Unterhaltsgläubiger den geltend gemachten Anspruch für längere Zeit nicht mehr aktiv, kann er unter bestimmten Umständen die in der Vergangenheit angefallenen Unterhaltsbeträge verlieren. Es ist möglich, dass sich der Schuldner dann mit Erfolg auf Verwirkung beruft. In Fällen wie diesen kann die Geltendmachung von rückständigem Unterhalt gegen Treu und Glauben (§ 242 BGB) verstoßen und damit verwirkt sein.

Unterhaltsrückstände sind dann als verwirkt zu betrachten, wenn sich der Unterhaltsverpflichtete mit Rücksicht auf das gezeigte Verhalten des Berechtigten darauf einrichten durfte und sich auch darauf eingerichtet hat, dass dieser seinen Unterhaltsanspruch auch in Zukunft nicht geltend machen werde (**Umstandsmoment**) und der Unterhaltsberechtigte über einen längeren Zeitraum keine Anstalten macht, seinen einmal angemahnten Unterhaltsanspruch aktiv einzufordern (**Zeitmoment**).

Ausschlaggebend für den Einwand der unzulässigen Rechtsausübung ist einmal wieder der Gedanke des Schuldnerschutzes. Der Unterhaltspflichtige soll nicht allein deshalb mit unverhältnismäßig hohen Schulden beim Unterhalt konfrontiert werden, weil der Unterhaltsgläubiger seine laufenden Ansprüche nicht zeitnah realisiert hat, obwohl er hierzu ohne Weiteres in der Lage gewesen wäre. Anderenfalls könnten Unterhaltsrückstände zu einer den Schuldner erdrückenden Belastung anwachsen. Außerdem kommt die besondere Interessenlage im Unterhaltsrecht hinzu: Von einem Unterhaltsgläubiger, der existentiell auf Unterhaltsleistungen angewiesen ist, muss anders als von einem Gläubiger anderer Forderungen erwartet werden, dass er sich zeitnah um die Durchsetzung des Anspruchs bemüht. Abgesehen davon wird die Klärung von Unterhaltsansprüchen mit der Zeit immer schwieriger. Diese Gründe legen eine möglichst zeitnahe Geltendmachung von Unterhaltsansprüchen nahe. Das Zeitmoment der Verwirkung kann deshalb auch schon dann erfüllt sein, wenn die Rückstände Zeitabschnitte betreffen, **die etwas mehr als ein Jahr zurückliegen.**

Der Unterhaltsgläubiger muss nicht notwendigerweise binnen Jahresfrist gleich einen Antrag bei Gericht einreichen, um dem Verwirkungseinwand vorzubeugen. Wird über den beanspruchten Unterhalt laufend zwischen den Beteiligten korrespondiert, kann der Schuldner berechtigterweise nicht davon ausgehen, dass der andere seine Forderung fallen lassen will. Lässt der Gläubiger jedoch ohne erkennbaren Grund diesen Schriftwechsel längere Zeit einschlafen, kann damit ein in der Vergangenheit einmal bestehender Unterhaltsanspruch zunichte gemacht werden.

Achtung:

Für die Frage, wann die einzelnen Unterhaltsansprüche verwirkt sind, kommt es entscheidend auf ihre Fälligkeit an. Laufend geltend gemachter Elternunterhalt wird bekanntlich Monat für Monat neu geschuldet. Meldet sich der Gläubiger nach längerem Schweigen wieder beim Schuldner, um seine Unterhaltsansprüche jetzt nachhaltig einzufordern, muss man unterscheiden: Für die künftig geschuldeten Unterhaltsbeträge kommt der Einwand der Verwirkung nicht zum Zuge. Ein Unterhaltsanspruch kann nicht verwirkt sein, bevor er überhaupt fällig geworden ist. Die in den letzten 12 Monaten vor dem Weiterbetreiben des Elternunterhaltes fällig gewordenen Unterhaltschulden sind ebenfalls nicht verfallen. Anders kann es sich bei den Monaten verhalten, die länger als 1 Jahr zurückliegen. Bei der Frage, inwieweit hier sowohl das Zeit- als auch das Umstandsmoment zugunsten des Schuldners sprechen, kommt es auf die gesamten Umstände des einzelnen Sachverhaltes an, wobei auch sein eigenes Verhalten zu würdigen ist.

Achtung:

Nach der neuen Gesetzeslage wird es schwieriger, die Zeiträume zu bestimmen, für die Unterhalt gefordert werden kann. Nach der Rechtslage bis Ende 2019 wurde das Einkommen zugrunde gelegt, das der unterhaltspflichtige in den 12 Monaten vor der Inanspruchnahme erzielt hat. Haben die Überleitungsanzeige des Sozialamtes also im Oktober 2019 zählte bei Nichtselbstständigen das Einkommen im Zeitraum Oktober 2018 bis September 2019. Der Wortlaut des neuen § 94 Abs. 1a SGB XII nimmt nicht auf das Einkommen des Vorjahres Bezug, sondern auf das Einkommen des Kalenderjahres, für welches der Unterhaltsanspruch übergeleitet werden soll. Feststellen lässt sich dieses Einkommen aber erst nach Abschluss des Jahres und Fertigstellung der Steuererklärung bzw. vorliegen des Steuerbescheides und damit gegebenenfalls deutlich später als zwölf Monate ab Zugang der Überleitungsanzeige. Vor diesem Hintergrund ist zu erwarten, dass sich auch Rechtsprechung zum Verzug ändern wird. Wer ab dem Jahr 2020 Post vom Sozialamt erhält sollte sich daher zeitnah beraten lassen, welche möglichen Unterhaltszahlungen auf ihn zukommen können und sicherheitshalber Rückstellungen bilden, um nicht von hohen Nachzahlungen überrascht zu werden.

8. Kapitel

Vorbeugende Maßnahmen aus Elternsicht

Nicht nur hierzulande sind die Menschen bestrebt, ihr Vermögen möglichst in der Familie zu belassen. Deshalb werden immer wieder Mittel und Wege gesucht, sich vor dem Zugriff des Sozialamtes zu schützen. Um es gleich vorwegzunehmen: Es gibt kein Patentrezept, das in jedem Fall vorhandenes Vermögen dem Zugriff des Staates entzieht. Im Bekanntenkreis werden wahrscheinlich die abenteuerlichsten Konzepte kursieren, um Vermögen vor dem Zugriff des Staates in Sicherheit zu bringen. Bevor massive Vermögensumschichtungen in die Wege geleitet werden sollte dringend eine juristische Beratung erfolgen. Ein seriöser Anwalt wird als Organ der Rechtspflege sich auch nicht für eine Unrechtsberatung hergeben und zu windigen Tricks raten, die den Betroffenen letztlich in die rechtliche Grauzone und damit die Gefahr strafrechtlicher Verfolgung führen.

Selbstverständlich ist es legitim, sich Gedanken darüber zu machen, das Risiko zu minimieren. Niemand will riskieren, das gesamte Familienvermögen im Fall einer jahrelangen Heimunterbringung zu verlieren. Vielfach sind Familien dazu übergegangen, das vorhandene Vermögen schon zu Lebzeiten der Eltern auf die nächste Generation zu übertragen, auch vor dem Hintergrund, dass es auf diese Weise dem Zugriff der Sozialhilfeträger entzogen ist.

I. Schenkung/Vorweggenommene Erbfolge – Chancen und Risiken

Jedem Elternteil steht es frei, sein Vermögen schon zu Lebzeiten zu verschenken oder es, unter Anrechnung auf sein späteres Erbe, einem Kind im Wege einer vorweggenommenen Erbfolge zu übertragen, soweit er hierüber allein verfügen kann. Verheiratete, im gesetzlichen Güterstand der Zugewinngemeinschaft lebende Eltern, sind etwa daran gehindert, über ihr Vermögen im Ganzen zu verfügen, selbst wenn es sich hierbei nur um **einen** Gegenstand, zum Beispiel die Immobilie handelt. Die Schenkung unterliegt bestimmten Formvorschriften, um den Schenker vor einem übereilten Schenkungsversprechen zu bewahren und Beweisschwierigkeiten zu vermeiden. Damit eine Schenkung gültig ist, bedarf das Schenkungsversprechen der notariellen Beurkundung (§ 518 BGB).

Der Mangel der notariellen Form wird jedoch geheilt, wenn die versprochene Leistung an den Beschenkten erbracht wurde, etwa mit der Übergabe von Geldgeschenken. Ausnahmen bestehen für die Übertragung eines Grundstückes. Hier muss immer die notarielle Form eingehalten werden. Letztlich sollte auch daran gedacht werden, dass jede Schenkung gegenüber dem Finanzamt anzeigepflichtig ist und eine entsprechende Schenkungssteuererklärung angefertigt werden muss, selbst wenn allen Beteiligten klar ist, dass die Schenkung unterhalb der Freibeträge liegt. Der Grund hierfür ist ein einfacher: Schenkungen innerhalb von 10 Jahren können sich zu Beträgen aufsummieren, die die Freibeträge überschreiten, erst recht, wenn der Schenker innerhalb des 10-Jahres-Zeitraums verstirbt und dann noch die Erbschaftssteuer hinzukommt. Daher will das Finanzamt Kenntnis von allen Schenkungen haben. Wer erst viele Jahre nach einer solchen Schenkung im Wege der Selbstanzeige reumütig gestehen muss, keine Schenkungssteuererklärung abgegeben zu haben, wird sich häufig in Erklärungsnot befinden. Weiterhin haftet der ganzen Schenkung der Makel der Unredlichkeit an.

Wird Vermögen nachweislich nur mit Blick auf die Leistungen der Sozialhilfe und im unmittelbaren zeitlichen Zusammenhang zu der Hilfebedürftigkeit des Elternteils verschenkt, ist das Rechtsgeschäft regelmäßig sittenwidrig und damit gegenüber dem Sozialhilfeträger unwirksam.

Vielen Beteiligten ist jedoch nicht bekannt, dass das verschenkte Vermögen auch bei Verarmung des Schenkers unter bestimmten Umständen wieder zurückgefordert werden kann. Ist der Elternteil außer Stande, seinen angemessenen Unterhalt zu bestreiten, kann er von dem Beschenkten die Herausgabe des Geschenkes nach den Vorschriften über die Herausgabe einer ungerechtfertigten Bereicherung fordern (§ 528 BGB). Ein solcher Notbedarf liegt regelmäßig vor, wenn der Schenker auf Sozialhilfe angewiesen ist.

Der Beschenkte muss nur dann nicht das Geschenk herausgeben, wenn

- der Schenker seine Bedürftigkeit vorsätzlich oder durch grobe Fahrlässigkeit selbst herbeigeführt hat oder
- zwischen der Schenkung und dem Eintritt der Bedürftigkeit zehn Jahre verstrichen sind (§ 529 BGB).

Sinn und Zweck der 1. Alternative ist es, einen Ausgleich zwischen der Bedürftigkeit des Schenkers und dem Vertrauen des Beschenkten auf den Bestand der Schenkung zu schaffen. Hat der Schenker etwa durch leichtsinnige Spekulationen oder durch grobe Verschwendung, wie einen luxuriösen Lebensstil, seine Bedürftigkeit nachträglich herbeigeführt und war dies für den Beschenkten bei der Schenkung nicht vorhersehbar, kommt eine Rückforderung nicht in Betracht. Es kommt hier also wieder ganz auf den einzelnen Fall an.

In der Praxis häufiger ist die 2. Alternative. Hier geht es um die Vermögensabflüsse, bei denen zwischen Schenkung und Eintritt der Unterhaltsbedürftigkeit noch keine zehn Jahre verstrichen sind.

Der Schenker kann grundsätzlich bei Verarmung die Herausgabe des Geschenkes fordern. Eine Ausnahme besteht lediglich für sog. Pflicht- und Anstandsschenkungen nach § 534 BGB. In der Hauptsache fallen hierunter Ausstattungen, d. h. Geschenke, die ein Kind mit Blick auf seine Verheiratung von dem Vater oder der Mutter erhalten hat. Das Gleiche gilt für Zuwendungen, die er von seinen Eltern für den Aufbau einer selbständigen Lebensstellung erhalten hat. Eine Grenze für die Annahme von Pflicht- und Anstandsschenkungen besteht nur dort, wo die Ausstattung von den finanziellen Verhältnissen der Eltern nicht mehr gedeckt ist. Im Übrigen gilt: Ausstattungen können generell nicht zurückgefordert werden, auch nicht vom Träger der Sozialhilfe über den Weg des § 93 SGB XII.

In allen anderen Fällen läuft der Beschenkte Gefahr, das Geschenk innerhalb der Zehn-Jahresfrist wieder zurückgeben zu müssen. Der Anspruch auf Rückforderung wegen Verarmung kann von dem Schenker selbst geltend gemacht werden. Diesen Anspruch kann sich aber auch der Träger der Sozialhilfe zu Nutze machen. Nach § 93 SGB XII hat er die Möglichkeit, den Übergang des bürgerlichrechtlichen Rückforderungsanspruchs (§ 528 BGB) zu bewirken. Als neuer Rechtsinhaber kann er dann die Rückgabe des Geschenkten wegen Verarmung des Schenkers verlangen.

Regelmäßig wird deshalb bei der Beantragung von Sozialhilfe nachgefragt, ob der Hilfebedürftige in den letzten zehn Jahren Vermögen verschenkt hat. Auf diese Frage sollte eine wahrheitsgemäße Antwort gegeben werden, da sonst strafrechtliche Konsequenzen drohen.

Exkurs:

Ob und inwieweit der Sozialhilfeträger den Anspruch auf sich überleitet, steht in seinem pflichtgemäßen und zu begründenden Ermessen. Die Ermessensentscheidung erfolgt auf jeden Fall gegenüber dem Hilfeempfänger. Bei der Rückforderung einer Schenkung wegen Verarmung des Schenkers ist die Überleitungsentscheidung auch dem beschenkten Kind als Drittem mitzuteilen. Es erhält auf diese Weise einen anderen Gläubiger, was zu einer wesentlichen Veränderung seiner Situation führt. Die Überleitung erfolgt jeweils über einen Verwaltungsakt und ist mit einer Rechtsbehelfsbelehrung zu versehen.

Macht der Sozialhilfeträger von dem Anspruchsübergang Gebrauch, kann sich der Beschenkte binnen Monatsfrist, gerechnet ab Zustellung des Bescheides, mit dem Widerspruch dagegen zur Wehr setzen. Bei Nichtabhilfe des Widerspruchs durch den Sozialhilfeträger hat der Beschenkte innerhalb einer Frist von einem Monat nach Erhalt des Widerspruchsbescheides die Möglichkeit, das Sozialge-

richt anzurufen, um den Verwaltungsakt aus der Welt zu schaffen. Das Sozialgericht überprüft die Rechtmäßigkeit der Überleitung und muss sich hier mit dem gesamten Sachverhalt befassen.
Auch wenn sich die Beteiligten gar nicht erst zur Wehr gegen den Verwaltungsakt gesetzt haben bzw. der Bescheid letztlich vom Sozialgericht für rechtmäßig erklärt wird, hat dies nicht automatisch zur Folge, dass der Sozialhilfeträger bereits am Ziel ist. Mit der wirksamen Übertragung des Rückforderungsanspruches ist der Träger der Sozialhilfe (nur) der neue Anspruchsinhaber. Als solcher muss er den Anspruch dann noch in einem 2. Schritt in der gleichen Weise durchsetzen, wie dies der ursprüngliche Inhaber hätte tun müssen. In diesem Abschnitt des Verfahrens hat der Sozialhilfeträger keine hoheitlichen Befugnisse mehr. Kann oder will der Beschenkte das Geschenk nicht herausgeben, muss der Träger der Sozialhilfe gleich einem Privaten den Beschenkten im Zivilrechtsweg verklagen.

Der Rückforderungsanspruch richtet sich grundsätzlich auf Herausgabe der Schenkung in Natur. Das Geschenk soll so, wie es gemacht wurde, wieder herausgegeben werden. Was passiert aber, wenn das nicht möglich ist oder der Beschenkte das Geschenk behalten will?

In diesem Fall hat der Beschenkte grundsätzlich Wertersatz zu leisten, wenn er das durch die Schenkung Erlangte behalten will. Diese Regelung findet sich in § 528 S. 2 BGB. Danach kann der Beschenkte die Herausgabe auch durch Zahlung des für den Unterhalt erforderlichen Betrages abwenden. Dies kann für den Beschenkten dann von Interesse sein, wenn er das real nicht teilbare Geschenk wie z. B. ein Grundstück behalten will. Eine Grenze für den Rückforderungsanspruch besteht jedoch dort, wo der eigene standesgemäße Unterhalt des Beschenkten oder die Erfüllung der ihm kraft Gesetzes obliegenden Unterhaltspflichten gefährdet wäre. Befindet er sich zu dem Zeitpunkt, zu dem er auf Rückgabe des Geschenkten bzw. Wertersatz aufgefordert wurde, in derart beengten Verhältnissen, dass er auch nicht mittels Aufnahme von Krediten zu Leistungen fähig ist, kann der Anspruch nach § 528 BGB ins Leere gehen. Die neue Gesetzeslage kann allerdings dazu führen, dass eine Rückforderung der Schenkung ausgeschlossen ist, wenn der eigene „standesgemäße Unterhalt“ nach § 529 BGB nicht gewahrt ist. Im Rahmen der neuen Regelungen zum Elternunterhalt hat sich der Gesetzgeber dafür ausgesprochen, dass bei Einkommen von weniger als 100.000 EUR brutto jährlich dieser Unterhalt nicht gewahrt ist und deshalb auch kein Unterhalt zu zahlen ist. Damit würde aber auch die Rückforderung ausscheiden. Es ist fraglich, ob dieser „Nebeneffekt" durch den Gesetzgeber beabsichtigt war und welche Konsequenzen die Rechtsprechung daraus ziehen wird. In der Folgezeit wird eine Angleichung der Regeln im BGB zum Unterhaltsrecht dort für Klarheit sorgen müssen, wo das Zusammentreffen mit sozialrechtlichen Regeln für Reibungspunkte sorgt.

II. Vorsorgende Vertragsgestaltungen

Bei allen Unwägbarkeiten, die mit einer Schenkung verbunden sind, auch wegen der zehnjährigen Rückforderungsmöglichkeit, ist diese Maßnahme letztlich doch ein bewährtes Mittel, Vermögen in der eigenen Familie zu halten. Grundsätzlich bietet es sich mit Blick auf die Frist an, die Übertragung von Vermögen möglichst frühzeitig in die Wege zu leiten. Zusätzlich für die Übertragung zu Lebzeiten auch zu allen Spareffekten bei der späteren Erbschaftssteuer und kann daher durchaus attraktiv sein. Keiner kann jedoch in die Zukunft blicken. Wenn derartige Transaktionen durchgeführt werden, sollte der Schenker nicht nur darauf achten, sein Vermögen vor dem Zugriff des Staates zu schützen. Er muss genauso bei seiner Entscheidung für eine Schenkung im Blick behalten, dass der Beschenkte damit schalten und walten kann, wie er will. Im Interesse des Schenkers kann es sich deshalb anbieten, vertragliche Sicherungen einzubauen, insbesondere wenn es um Immobilien geht. Ein typischer Fall ist folgender: Der Elternteil überlässt seinem Kind bereits Jahre vor einer sich abzeichnenden Unterhaltsbedürftigkeit eine Eigentumswohnung, die er möglichst bis zu seinem Ableben selbst nutzen möchte. Bei dieser Interessenlage ist folgendes empfehlenswert: In der notariellen Urkunde wird ihm an der verschenkten Immobilie das Recht auf lebenslangen Nießbrauch bzw. ein Wohnrecht als dingliche Sicherheit durch Eintragung im Grundbuch gewährt.

1. Nießbrauch

Der Nießbrauch gibt seinem Inhaber das Recht, die lebenslange Nutzungen einer Sache oder eines Rechts zu ziehen. Der Nießbrauch an einem Grundstück erstreckt sich dabei auch auf das vorhandene Zubehör. Der Nießbraucher kann damit unter Ausschluss des Eigentümers die Wohnimmobilie in jeder Hinsicht umfassend nutzen. Ist ein Grundstück samt Inventar Gegenstand des Nießbrauchs, so kann er über die einzelnen Inventarstücke im Rahmen einer ordnungsgemäßen Verwaltung frei verfügen. Er hat auch die Möglichkeit, die (Mit-) Nutzung einem Dritten zu überlassen. Will oder kann der Berechtigte die Wohnräume nicht mehr selbst nutzen, etwa weil er in ein Seniorenheim umsiedelt, hat er das Recht, im Rahmen des Nießbrauches seine bisherige Wohnung zu marktüblichen Konditionen zu vermieten. Die Miete stellt dann wiederum eigenes Einkommen dar, das er für seinen Lebensunterhalt einsetzen kann.

Dieser Nießbrauch wird im Grundbuch eingetragen und geht allen Rechten vor, die nachrangig eingetragen werden. Kinder, die als neue Eigentümer ihren Eltern einen Nießbrauch bestellt haben, brauchen für die dingliche Belastung etwa mit einer Grundschuld oder Hypothek deren Zustimmung.

Achtung:

Die Gläubiger der Kinder können sich ungeachtet dessen im Falle von Maßnahmen der Zwangsvollstreckung eine Zwangssicherungshypothek eintragen lassen.

Vollstrecken Gläubiger der Kinder in das Grundstück, können auch die Rechte des Nießbrauchers in Mitleidenschaft gezogen werden. Darauf ist bei der Entscheidung von Eltern, ihren Kindern Grundvermögen zu schenken, zu achten. Kommt es zu einer Versteigerung, bleibt nur der vorrangige Nießbrauch bestehen. Er geht damit im Rang den betreibenden Gläubigern vor und wird in das geringste Gebot aufgenommen (§§ 44 ff., 52 ZVG). Der Ersteher erwirbt das Grundstück in diesem Fall belastet mit dem Nießbrauch.

Ist der Nießbrauch jedoch nachrangig und wird er deshalb nicht in das geringste Gebot aufgenommen, erlischt er mit dem Zuschlag an den neuen Eigentümer. An seine Stelle tritt nach § 92 ZVG der Anspruch auf Wertersatz aus dem Versteigerungserlös, der durch Zahlung einer Geldrente zu befriedigen ist. Die Höhe entspricht dem Jahreswert des Nießbrauchs und ist in den Teilungsplan aufzunehmen (§ 121 ZVG).

Achtung:

Nur die erstrangige Eintragung des Nießbrauchs im Grundbuch und der Rangvorbehalt gem. § 881 BGB vor anderen Grundpfandrechten sichern die erstrangige Belastung des Übergabeobjekts. Im Übrigen ist auch wegen all dieser Fragen eine rechtliche Beratung unerlässlich.

Der Nießbrauch entsteht durch Einigung und Eintragung mit dem Inhalt im Grundbuch, den die beteiligten Personen untereinander abgestimmt haben. Dabei können sie auch die gesetzlichen Bestimmungen abändern.

Möglich ist beispielsweise ein **Grundbucheintrag** mit folgendem Wortlaut:

Beispiel: Der Übergeber behält sich an dem übergebenen Grundstück den lebenslangen unentgeltlichen Nießbrauch zur Nutzung vor, dessen Eintragung im Grundbuch mit der Maßgabe beantragt wird, dass zu seiner Löschung der Todesnachweis des Berechtigten genügen soll.
In Abweichung von der gesetzlichen Lastenverteilung wird vereinbart, dass der Eigentümer während der Dauer des Nießbrauchs alle Lasten des Grundstücks trägt, die sonst der Nießbraucher tragen müsste, d. h. alle öffentlichen Lasten sowie die vor Nießbrauchbestellung bestehenden privatrechtlichen Lasten. Die Eintragung des Nießbrauchs wird mit diesem Inhalt vereinbart.

Der Nießbraucher kann sich auch das Recht einräumen lassen, anstelle des dinglichen Nutzungsrechtes eine **Rentenzahlung** zu wählen, etwa als Leibrente. Die Höhe der dann in Geld zu zahlenden Rente ist Verhandlungssache. Möglich ist etwa folgende Regelung:

Beispiel: Der Nießbraucher kann verlangen, dass ihm anstelle des Nießbrauchs eine Rente als Leibrente oder dauernde Last gezahlt wird. Der Jahresbetrag der Rente richtet sich nach den Jahresnettoerträgen des Grundstücks in dem der Festsetzung vorangegangenem Jahr. Die Rente ist in zwölf gleichen Monatsbeträgen jeweils im Voraus zu zahlen. Bei Geltendmachung des Rentenwahlrechts ist Zug um Zug gegen Löschung des Nießbrauchs eine Reallast im Grundbuch einzutragen.

Wenn mit der Schenkung grundsätzlich das Ziel verbunden war, die Immobilie der Familie zu erhalten, kann es den Eltern wichtig sein, eine Weiterveräußerung durch die Kinder oder einen Verlust durch Zwangsvollstreckung ihrer Gläubiger zu verhindern. Hier bieten sich zweite Abhilfemöglichkeiten an. Droht eine Überschuldung der Kinder bzw. können sie ihre im Schenkungsvertrag übernommenen Gegenleistungen nicht mehr erfüllen, kann ein Rückkaufsrecht vereinbart und mit einer Auflassungsvormerkung nach § 883 BGB gesichert werden. Im Ausgangsvertrag sollte für diesen Fall gleich der Preis für den Rückkauf festgehalten werden.

Eine andere Alternative besteht darin, dass zugunsten der Eltern eine sog. bedingte Rückübertragungsverpflichtung eingetragen und diese wieder mit einer Vormerkung abgesichert wird.

Die **Vereinbarung** kann etwa wie folgt lauten:

Beispiel: Die Rückübertragung des Grundstücks oder der Wohnung kann verlangt werden, wenn
- das Kind oder sein Rechtsnachfolger ohne Zustimmung der Eltern zu deren Lebzeiten die Immobilie veräußert oder belastet;
- die Zwangsvollstreckung oder Arrestvollziehung in das Objekt betrieben wird und die Zwangsvollstreckungsmaßnahmen nicht binnen eines Monats wieder aufgehoben werden;
- über das Vermögen des Kindes oder seines Rechtsnachfolgers das Insolvenz- oder Vergleichsverfahren eröffnet oder mangels Masse abgelehnt wird;
- in der Person des Kindes Gründe vorliegen, die den Eltern das Recht geben, ihm den Pflichtteil zu entziehen;
- sich Gründe ergeben, die die Eltern berechtigen, die Schenkung zu widerrufen.

2. Wohnrecht

Die zweite Variante ist die Absicherung des Schenkers durch ein Wohnrecht. Das Wohnrecht gem. § 1093 BGB, das durch einen Eintrag im Grundbuch abgesichert werden kann, hat zum Inhalt, ein Gebäude oder einen Teil eines Gebäudes unter Ausschluss des Eigentümers als Wohnung zu nutzen. Es handelt sich um eine sog. beschränkt persönliche Dienstbarkeit. Auf das Wohnrecht finden die Nießbrauchvorschriften weitgehend Anwendung. Anders als beim Nießbrauch kann der Inhaber des Wohnrechtes die Immobilie jedoch nur zu seinen eigenen Wohnzwecken nutzen. Darin liegt der Vorteil des reinen Wohnrechtes. Es wird verhindert, dass die Räumlichkeiten von familienfremden Personen genutzt werden. Die Kinder haben die Immobilie zur völlig freien Verfügung, wenn der wohnberechtigte Elternteil etwa wegen Pflegebedürftigkeit in einem Heim untergebracht werden muss.

Nutzt der Elternteil noch selbst das Objekt, ist es ihm nach dem Gesetz nur gestattet, Familienangehörige und Hauspersonal ohne Rücksprache mit dem Eigentümer aufzunehmen. Zur Familie zählen dabei nicht nur die Mitglieder der eigenen Familie, sondern auch Partner einer eingetragenen Lebenspartnerschaft sowie einer dauerhaften Lebensgemeinschaft. Auch diesem Personenkreis darf aber der Wohnberechtigte nach seinem Auszug die Wohnräume nicht zur alleinigen Nutzung überlassen. Die Aufnahme in seinen Haushalt berechtigt nur zur Mitbenutzung.

Zieht der Wohnberechtigte aus, um etwa in ein Seniorenheim überzusiedeln, steht ihm aus der weiteren Nutzung der Wohnung weder die Miete noch ein sonstiger Erlös zu.

Beispiel für einen Wohnrechtvorbehalt: Der Übergeber behält sich an dem Vertragsobjekt ein lebenslanges Wohnrecht nach § 1093 BGB mit dem Inhalt vor, dass er die Wohnung im 1. Obergeschoss des Hauses unter Ausschluss des Eigentümers zum unentgeltlichen Wohnen bis zu seinem Tode nutzen darf.
In Abweichung zu der gesetzlichen Regelung hat allein der Eigentümer für den Erhalt der Wohnung zu sorgen. Die Eintragung des Wohnrechts wird mit diesem Inhalt beantragt.

Achtung:

Auch das Wohnrecht kann durch eine Zwangsversteigerung zum Erlöschen kommen, wenn es nicht zusätzlich noch im Grundbuch abgesichert ist. Deshalb wird auch hier dringend empfohlen, sich im Vorfeld der Schenkung rechtlichen Rat einzuholen.

3. Gemischte Schenkung

Die Schenkung einer Immobilie unter gleichzeitiger Bestellung eines Nießbrauchs oder Wohnrechts zugunsten des Schenkers kann für den Beschenkten auch einen finanziellen Vorteil haben. Es handelt sich in diesen Fällen regelmäßig um sog. gemischte Schenkungen. Der Wert der Schenkung muss dabei um den Wert des dem Schenker eingeräumten Nutzugs- bzw. Wohnrechtes gegenübergestellt werden. Allein der überschießende Wert ist als unentgeltlich zu betrachten mit der Folge, dass im Fall der Fälle der Träger der Sozialhilfe nur auf den Nettowert des unentgeltlich zugewandten Vermögens zugreifen kann (Differenz zwischen dem Verkehrswert des Grundstücks und dem Wert des Nießbrauchs bzw. Wohnrechts). Der Wert des nicht als unentgeltlich anzusehenden Nießbrauchs richtet sich nach dem Lebensalter des Schenkers und der danach zu erwartenden Nutzungsdauer. Zur Anwendung kommt in der Regel die Sterbetafel in ihrer jeweils aktuellen Fassung. Die Erfahrung zeigt, dass die Träger der Sozialhilfe in den Fällen der gemischten Schenkung mehr Kulanz zeigen als bei der reinen, unentgeltlichen Schenkung.

4. Steuerliche Auswirkungen des Nießbrauchs und des Wohnrechts

Bei der Grundstücksschenkung unter Vorbehalt eines Nutzungsrechts zugunsten des Schenkers unterliegt die Zuwendung grundsätzlich nach Abzug der Duldungsverpflichtung der Schenkungssteuer. Die Steuerklassen mit den jeweiligen Freibeträgen sehen seit dem 1.1.2009 für Kinder einschließlich Stiefkinder wie folgt aus:

Kinder und Stiefkinder, Kinder verstorbener Kinder und Stiefkinder fallen in die Steuerklasse I und haben einen Freibetrag von 400.000 EUR. Den in dieser Steuerklasse weiterhin erfassten Kindern von lebenden Kindern und Stiefkindern (Enkel und Urenkel) steht lediglich ein Steuerfreibetrag von 200.000 EUR zu.

Achtung:

Neben der Absicherung und der steuerlichen Gestaltung sollte unbedingt auch eine Beratung über die erbrechtlichen Aspekte erfolgen. Wenn neben dem Schutz von Vermögen vor dem Sozialamt auch noch der Schutz vor Pflichtteilsansprüchen, zum Beispiel von Kindern aus einer früheren Beziehung von Interesse ist, kann sich eine Gestaltungsfalle ergeben. Allseits bekannt ist, dass in die Berechnung des Pflichtteils auch alle Schenkungen einbezogen werden, die innerhalb der letzten zehn Jahre vor dem Sterbefall vorgenommen worden sind. Für jedes Jahr, das seit der Schenkung verstrichen ist reduziert sich der Wert des geschenkten Gegenstandes um 10 %. Wer sich hingegen einen Nießbrauch oder einen umfassendes Wohnrecht einräumen lässt übersieht häufig, dass durch diesen Vorbehalt die 10-Jahresfrist nicht in Gang gesetzt wird. Auch wenn das Grundstück vor 15 Jahren übertragen wurde fällt die Immobilie ohne die 10 %tige Abschmelzung pro Jahr mit dem vollen Wert in die Pflichtteilsberechnung.

9. Kapitel

Der Elternunterhalt in der Sozialhilfe

Wer sich durch den Einsatz seiner Arbeitskraft, seines Einkommens und seines Vermögens selbst helfen kann, soll auf Dauer keine Sozialhilfe erhalten. Auch hat derjenige keinen Anspruch darauf, der die erforderliche Leistung von anderen, insbesondere von Angehörigen, erhält. Unterhaltsansprüche sind ebenfalls im Rahmen der Selbsthilfe vorrangig geltend zu machen (§ 2 SGB XII). Der hier zum Ausdruck kommende **Nachrang der Sozialhilfe** gehört zu den grundlegenden Prinzipien des Sozialhilferechts. Der Inanspruchnahme der unterhaltspflichtigen Kinder geht somit zunächst die Prüfung voraus, ob der Elternteil sozialhilfebedürftig ist.

I. Übergang von Unterhaltsansprüchen

Hat der Sozialhilfeträger einem hilfebedürftigen Elternteil Leistungen erbracht, der über Unterhaltsansprüche verfügt, geht für diese Zeit der bürgerlich-rechtliche Anspruch auf Elternunterhalt bis zur Höhe der gezahlten Sozialhilfe auf den Träger der Hilfeleistungen über (§ 94 Abs. 1 SGB XII). Mit dieser Vorschrift wird dem in § 2 SGB XII geregelten Nachrang der Sozialhilfe Rechnung getragen. Der Anspruchsübergang erfolgt per Gesetz, der Sozialhilfeträger wird damit ohne sein Zutun, d. h. ohne einen Verwaltungsakt, neuer Inhaber des bürgerlich-rechtlichen Unterhaltsanspruchs. Gekoppelt ist der Anspruchsübergang allein an die tatsächlich erbrachte Sozialhilfeleistung. Darin liegt folgende Einschränkung: Der Hilfeempfänger verliert nur für die Zeit, in der er bereits Leistungen der Sozialhilfe bezogen hat, seinen Anspruch. Unberührt bleiben hingegen die Zeiten, in denen der bedürftige Elternteil – noch – keine Sozialhilfeleistungen erhalten hat. Erst wenn er diese auch in den Folgemonaten wieder erhält, geht sein Unterhaltsanspruch abschnittsweise auf den Sozialhilfeträger über. Der hier stattfindende Mechanismus wird verdeutlicht an folgendem

Beispiel: Der unterhaltsbedürftige Elternteil hat für die Monate Februar bis einschl. Juli 2020 laufende Hilfe zum Lebensunterhalt erhalten. Für die Monate Februar, März, April, Mai, Juni und Juli ist damit kraft Gesetzes sein Unterhaltsanspruch auf den Träger der Sozialhilfe übergegangen. Für die Zeit ab August 2020 wurde dem Bedürftigen noch keine Sozialhilfe bewilligt und bezahlt. Deshalb ist er für die erst künftig fälligen Unterhaltszeiträume noch Inhaber des Rechtes auf Zahlung von Elternunterhalt. Für die Monate ab August hat er noch keine Sozialhilfe erhalten.

Mit dem Anspruchsübergang übernimmt der Träger der Sozialhilfe, ein Träger des öffentlichen Rechts, den zivilrechtlichen Unterhaltsanspruch. Infolgedessen unterscheidet sich in diesem Bereich seine rechtliche Position auch nicht grundlegend von der Rechtsstellung eines privaten Unterhaltsgläubigers. Jedoch bestehen im Sozialhilfebereich Abweichungen. Hier sind Schutz- und Schonvorschriften zu beachten, die das Unterhaltsrecht in dieser Ausformung nicht kennt. Die Unterschiede zwischen Sozialhilferecht und Unterhaltsrecht sind strukturbedingt und gewollt. Aus Gründen eines erweiterten Schuldnerschutzes verzichtet das Sozialhilferecht in einigen Fallgestaltungen auf einen Übergang des Anspruchs. Diese Ausnahmen von der Regel finden sich ebenfalls in § 94 SGB XII. Beim ist – unabhängig von der 100.000 EUR – Grenze – ein Übergang des Unterhaltsanspruchs **ausgeschlossen,**

- wenn der Unterhaltsanspruch durch laufende Zahlung erfüllt wird (§ 94 Abs. 1 Satz 2 SGB XII). Ist der geschuldete Unterhalt vom Kind bereits direkt an den hilfebedürftigen Elternteil bezahlt worden, ist die Forderung damit erfüllt und für den Leistungszeitraum erloschen. Diese Vorschrift stellt auch klar, dass der Unterhaltsschuldner auch in Zukunft noch direkt an den Unterhaltsbedürftigen leisten darf, und zwar mit befreiender Wirkung. Insoweit ist eine enge Abstimmung des Sozialhilfeträgers mit dem Hilfeempfänger geboten;

- wenn der Unterhaltspflichtige mit dem Hilfeempfänger im zweiten oder in einem noch weiter entfernten Grad verwandt ist (§ 94 Abs. 1 Satz 3 SGB XII). Damit wird aus sozialpolitischen Erwägungen die Generation der Enkel bzw. Urenkel von Unterhaltszahlungen befreit. Seit dem 1.4.1974 beschränkt sich der Rückgriff der Sozialhilfeträger auf die **Verwandten ersten Grades;**
- wenn die bedürftigen Eltern nach dem 4. Kapitel des SGB XII Anspruch auf Leistungen nach der Grundsicherung im Alter haben. Leistungsberechtigt sind hierfür bekanntlich Personen, deren Kinder ein bereinigtes Einkommen von weniger als 100.000 EUR haben (vgl. Kapitel Unterhaltsbedarf der Eltern). Durch das Angehörigen-Entlastungsgesetz ist die Grenze der Inanspruchnahme der Regelung zur Grundsicherung angepasst. Kinder, deren Eltern Grundsicherung erhalten müssen keinen Unterhalt zahlen.

II. Einschränkung des Übergangs

Eine Einschränkung bis zu einem völligen Ausschluss des Anspruchsübergangs hin kommt auch dann in Betracht, wenn der Übergang des Anspruchs auf den Träger der Sozialhilfe für den Unterhaltspflichtigen eine **unbillige Härte** bedeuten würde (§ 94 Abs. 3 Nr. 2 SGB XII).

Wichtig:

Die Möglichkeit des Sozialhilfeträgers, nach § 94 Abs. 3 Nr. 2 SGB XII aus Billigkeitsgründen auf den Übergang des Unterhaltsanspruches zu verzichten, überschneidet sich mit der Regelung im Unterhaltsrechts, wonach wegen grober Unbilligkeit nach § 1611 BGB ein Unterhaltsanspruch verloren gehen kann.

Ergibt bereits die Überprüfung nach § 1611 BGB einen völligen Ausschluss des Unterhaltsanspruchs wegen grob unbilligen Verhaltens des hilfebedürftigen Elternteils, muss § 94 SGB XII nicht mehr geprüft werden. Ohne einen Unterhaltsanspruch des Bedürftigen kommt die sozialrechtliche Billigkeitsüberprüfung nicht mehr zum Zuge. In diesen Fällen kann der Träger der Sozialhilfe auch keine Auskunft nach § 117 SGB XII fordern. Eine unbillige Härte, die zum vollständigen oder teilweisen Ausschluss des Anspruchsüberganges führt, kann vorliegen, wenn und soweit:

- Der Grundsatz der familiengerechten Hilfe nach § 16 SGB XII ein Absehen von der Heranziehung geboten erscheinen lässt. Diese Vorschrift verlangt, dass bei Leistungen der Sozialhilfe die besonderen Verhältnisse der Familie der Leistungsberechtigten berücksichtigt werden. Die Sozialhilfe soll die Kräfte der Familie zur Selbsthilfe anregen und den Zusammenhalt der Familie festigen. Droht etwa durch die Inanspruchnahme des erwachsenen Kindes eine nachhaltige Störung des Familienfriedens, die das weitere Verbleiben des hilfebedürftigen Elternteils im Familienverband erschwert, kann der Übergang des Unterhaltsanspruchs eingeschränkt sein.
- Die laufende Heranziehung zu Unterhaltszahlungen in Anbetracht der sozialen und wirtschaftlichen Lage des Unterhaltspflichtigen zu seiner nachhaltigen, unzumutbaren Beeinträchtigung ebenso wie der seiner übrigen Familienmitglieder führen würde.
- Der Unterhaltspflichtige vor Eintritt der Sozialhilfe über das Maß seiner zumutbaren Unterhaltsverpflichtung hinaus den Hilfeempfänger betreut und gepflegt hat.
- Eine gravierende Störung in der Eltern/Kind-Beziehung besteht, die dazu geführt hat, dass sich die Beteiligten völlig entfremdet haben. Diese völlige Entfremdung kann sich allein aus den familiären Verhältnissen ergeben, muss also nicht vom Elternteil verschuldet worden sein.
- Der Verwaltungsaufwand, der mit der Inanspruchnahme der unterhaltspflichtigen Person verbunden ist, vermutlich in keinem angemessenen Verhältnis zu dem voraussichtlich zu erlangenden Unterhalt stehen würde.

Das Sozialhilferecht weitet damit die Möglichkeiten erheblich aus, Kinder von ihrer Unterhaltspflicht zu befreien, weil ihre Inanspruchnahme unbillig erscheint.

Einfach gesagt gibt es eine sozialrechtliche und eine zivilrechtliche Betrachtungsweise der Unbilligkeit. Während das Zivilrecht die Beziehungen zwischen den Beteiligten beleuchtet stellt das Sozialrecht die Prüfung noch einmal in einen erweiterten sozialen und allgemeinverbindlichen Rahmen.

Der BGH hat im Jahre 2004 eine Entscheidung zu § 94 SGB XII getroffen, in der der grundlegende Unterschied zu der unterhaltsrechtlichen Unbilligkeitsregelung des § 1611 BGB herausgearbeitet wurde und zwar an folgendem

Beispiel: Der Träger der Sozialhilfe machte Elternunterhalt aus übergegangenem Recht gegen eine Tochter geltend. Sie sollte laufend für die Heimunterbringungskosten ihres Vaters aufkommen. Dieser war psychisch krank aus dem 2. Weltkrieg zurückgekommen und deshalb außerstande, sich um seine Familie zu kümmern. Weitgehend konnte er sich nur noch stationär in psychiatrischen Einrichtungen aufhalten. Alle Beteiligten waren sich einig darin, dass der Vater seine Notlage nicht verschuldet hatte. Genauso wenig konnte ihm vorgeworfen werden, dass er nach Rückkehr aus dem Krieg nicht für seine Familie sorgen konnte. Deshalb kam ein Ausschluss des Elternunterhalts nach § 1611 BGB nicht in Frage. Nach Auffassung des BGH stellte jedoch der Übergang des Unterhaltsanspruches auf den Träger der Sozialhilfe in diesem Fall für die Tochter eine unbillige Härte dar. Sie habe nicht nur während der Kriegsteilnahme ihres Vaters dessen emotionale und materielle Zuwendung entbehren müssen, zusätzlich fehlte ihr in der Folgezeit auch noch die unter normalen Umständen zu erwartende väterliche Zuwendung. Den Vater habe zwar keine Schuld daran getroffen, dass er psychisch zerstört aus dem Krieg zurückkehrte und der Familie nicht die gebotene Fürsorge geben konnte. Dadurch sei aber die beklagte Tochter bereits in den Jahren ihrer Kindheit in starkem Maße belastet gewesen. In der Folgezeit wären außerdem die Familienbande zum Vater zumindest teilweise gelockert gewesen. Es würden starke soziale Belange vernachlässigt werden, wenn die Beklagte gleichwohl vom Träger der Sozialhilfe auf Unterhalt für ihren Vater in Anspruch genommen werden könnte. Deshalb sollte der Übergang des Unterhaltsanspruches ausge-

schlossen sein. Die Forderung des Sozialhilfeträgers ging damit ins Leere.
Das krankheitsbedingte Fehlverhalten des Mannes führte also im konkreten Fall unterhaltsrechtlich nicht dazu, seinen Anspruch gemäß § 1611 BGB als verwirkt zu betrachten. Nach den im Sozialhilfebereich geltenden Kriterien reichte es aber für eine unbillige Härte aus, zumal die für die Vernachlässigung verantwortliche psychische Erkrankung durch den Kriegsdienst des Vaters verursacht worden und damit dem Staat zuzurechnen war.

Tipp:

Die erwachsenen Kinder sind gut beraten, wenn sie den Sachbearbeitern des Sozialhilfeträgers möglichst anschaulich ihre damaligen Lebensumstände, unter denen sie gelitten haben, schildern. Im Regelfall müssen die Kinder ihre Behauptungen auch beweisen. Kann man keine aussagekräftigen Unterlagen wie Urkunden bzw. sonstige Schriftstücke vorlegen, können auch Zeugen benannt werden, die bestätigen können, was vorgefallen ist. Der Träger der Sozialhilfe hat die Einschränkung des Anspruchsübergangs zu berücksichtigen, wenn er von ihren Voraussetzungen durch vorgelegte Nachweise oder auf andere Weise Kenntnis hat (§ 94 Abs. 3 S. 2 SGB XII).

III. Der Unterhaltsbedarf im Sozialhilferecht

Der gesamte Bedarf eines Hilfebedürftigen für den notwendigen Lebensunterhalt außerhalb von Einrichtungen wie etwa Heimen wird im Wesentlichen nach Regelsätzen ermittelt. Daneben sind für den Lebensbedarf nur noch die Leistungen für Unterkunft und Heizung sowie die in §§ 30 bis 34 SGB XII beschriebenen Sonderbedarfe vorgesehen. Darin liegt einer der wesentlichsten Unterschiede zum Unterhaltsrecht, das immer auf die individuellen Bedürfnisse der Beteiligten abstellt.

Solange der hilfebedürftige alte Mensch in seiner Wohnung lebt, werden die Aufwendungen der Sozialhilfe regelmäßig am untersten Existenzminimum liegen und können deshalb auch im Unterhaltsbereich anerkannt werden. Sobald der Elternteil jedoch pflegebedürftig wird und in einem Heim untergebracht werden muss, kann der Kostenaufwand des Sozialhilfeträgers über dem unterhaltsrechtlich geschuldeten Bedarf liegen. Der Unterhaltsschuldner kann gegenüber dem Träger der Sozialhilfe die gleichen Einwendungen erheben wie gegenüber dem Unterhaltsgläubiger selbst. Weist der Unterhaltspflichtige etwa zu Recht darauf hin, dass es im Vergleich zu der vom Hilfeträger ausgewählten Unterkunft ein anderes, ebenso angemessenes, dafür aber preiswerteres Heim gegeben hätte, beschränkt sich der Unterhaltsanspruch auf die kostengünstigere Variante.

Ansonsten umfasst der vom Sozialhilfeträger für Bedürftige in Einrichtungen aufgewendete notwendige Lebensunterhalt die dafür anfallenden Kosten sowie als weiteren notwendigen Lebensunterhalt insbesondere die Aufwendungen für Kleidung und einen angemessenen Barbetrag sowie ggf. einen Zusatzbarbetrag zur persönlichen Verfügung (§ 35 Abs. 1 und 2 SGB XII). Dieser richtet sich nach sozialhilferechtlichen Kriterien und ist deshalb pauschaliert, was im Unterhaltsrecht grundsätzlich systemwidrig ist. Gleichwohl wird auch unterhaltsrechtlich der sozialrechtlich gewährte angemessene Barbetrag samt Zusatzbarbetrag in voller Höhe als Bedarf des Unterhaltsberechtigten anerkannt (BGH Urteil vom 28.7.2010, FamRZ 2010, 1535).

Soweit die Sozialhilfe aufgrund von Vorschriften des SGB XII einen weitergehenden Bedarf als das bürgerliche Recht anerkennt, kann der Unterhaltsverpflichtete dafür nicht in Anspruch genommen werden.

Tipp:

Ist es zweifelhaft, ob der von der Sozialhilfe anerkannte Bedarf Unterhaltsbedarf im Sinne des bürgerlichen Rechtes ist, soll von der Geltendmachung des Anspruchs abgesehen werden. Gleichwohl kann es doch im Einzelfall sinnvoll sein, sich vom Hilfeträger eine genaue Abrechnung der gewährten Leistungen geben zu lassen. Im Streitfall muss der Sozialhilfeträger darlegen und beweisen, dass die gewährten Hilfen als Unterhaltsbedarf zu sehen sind, wenn dies vom Unterhaltschuldner bestritten wird. In diesem Zusammenhang werden in der Praxis häufig die streitigen Investitionskosten für das Pflegeheim diskutiert (s.o.).

IV. Die Unterhaltsbedürftigkeit im Sozialhilferecht

Der Unterhaltsberechtigte muss allein schon wegen des Nachrangs der Sozialhilfe für seinen Lebensunterhalt sein laufendes Einkommen wie etwa Renten, Leistungen der Grundsicherung sowie, soweit möglich, seine verfügbare Arbeitskraft und sein Vermögen einsetzen. Der in § 82 SGB XII geregelte Einkommensbegriff deckt sich weitgehend mit dem des bürgerlichen Rechts. Der Hilfebedürftige hat auch realisierbare Ansprüche gegenüber Dritten, die Einfluss auf seine Hilfebedürftigkeit haben – z. B. Leibrentenzusagen etc. – voll ausschöpfen. Von daher entspricht der Einsatz von Einkommen und Vermögen im Sozialhilfebereich in vielerlei Hinsicht den im Unterhaltsrecht entwickelten Grundsätzen. Es gibt jedoch auch hier wieder Einschränkungen aus sozialpolitischen Gründen. Beim Einkommen werden etwa grundsätzlich keine fiktiven Einkünfte berücksichtigt. Teilweise bleiben auch Einkünfte des Unterhaltsberechtigten, die das bürgerliche Recht zu seinem Einkommen zählt, für die Gewährung von Sozialhilfe außer Betracht. Die Grundrente nach dem Bundesvermögensgesetz und Renten oder Beihilfen nach dem Bundesentschädigungsgesetz gehören ebenso dazu wie Schmerzensgeldzahlungen, die nach § 83 Abs. 2 SGB XII anrechnungsfrei bleiben.

V. Einsatz des eigenen Vermögens im Sozialhilferecht

Im Sozialhilferecht ist geregelt, dass ein Hilfeempfänger zunächst einmal den Stamm seines Vermögens einsetzen muss, bevor er Elternunterhalt beanspruchen kann. Der Vermögensbegriff ist dabei identisch mit dem des Unterhaltsrechts. Hierunter fallen auch Nutzungsrechte, die ausschließlich an die Person des Inhabers gebunden sind, wie zum Beispiel Wohnrechte, die fremdvermietet werden können.

Grundsätzlich kann vom Hilfeempfänger keine Verwertung von Vermögen verlangt werden, wenn diese Maßnahme, etwa bei vorübergehend schlechter Marktlage, unwirtschaftlich ist.

Konkret enthält das Sozialhilferecht über die Einschränkungen hinaus, die das Unterhaltsrecht inzwischen unter dem Stichwort „Schonvermögen" übernommen hat, noch weitere Fallgruppen. Zentrale Vorschrift ist hier § 90 SGB XII. In dem hier interessierenden Bereich des Elternunterhaltes darf die Sozialhilfe nicht abhängig gemacht werden vom Einsatz oder Verwertung

- eines Vermögens, das aus öffentlichen Mitteln zum Aufbau oder zur Sicherung einer Lebensgrundlage oder zur Gründung eines Hausstandes erbracht wird. Hierunter fallen etwa Aufbaudarlehen nach dem Lastenausgleichsgesetz bzw. Entschädigungen und Abfindungen nach dem Lastenausgleichsgesetz (Nr. 1);
- eines Altersvorsorgevermögens, das neben der gesetzlichen Rentenversicherung zusätzlich im Weg der betrieblichen oder privaten Altersvorsorge mit staatlicher Förderung aufgebaut und mit einem Zertifikat belegt wird. Beispiele sind die Rürup-Rente bzw. das Rürup-Anlagevermögen in jeder zulässigen Form wie Lebens-, Rentenversicherungen oder Kapitalmarktprodukte wie Fonds, Schatzbriefe, Immobilien (Nr. 2);
- eines sonstigen Vermögens, solange es nachweislich zur baldigen Beschaffung oder Erhaltung eines angemessenen Hausgrund-

stücks bestimmt ist, soweit dieses Wohnzwecken behinderter oder pflegebedürftiger Menschen dient (Nr. 3);

- eines angemessenen Hausrats, wobei die bisherigen Lebensverhältnisse des Hilfebedürftigen zu berücksichtigen sind. (Nr. 4);
- von Familien- und Erbstücken, deren Veräußerung für den hilfebedürftigen Elternteil bzw. dessen Familie eine besondere Härte bedeuten würde (Nr. 5);
- von Gegenständen, die der Befriedigung geistiger, insbesondere wissenschaftlicher oder künstlerischer Bedürfnisse dienen und deren Besitz nicht Luxus ist (Nr. 7);
- eines angemessenen Hausgrundstücks, das von der hilfebedürftigen Person oder von seinem nicht getrennt lebenden Ehegatten bzw. Lebenspartner allein oder zusammen mit Angehörigen ganz oder teilweise bewohnt wird oder nach ihrem Tod von ihren Angehörigen bewohnt werden soll. Nach den Empfehlungen des Deutschen Vereins für öffentliche und private Fürsorge gilt als angemessen ein selbstbewohntes Hausgrundstück, das aus nicht mehr als zwei Wohnungen besteht, wobei für die zweite Wohnung nur die Größenordnung einer Einliegerwohnung. Bei offensichtlich teilbaren Grundstücken ist der abtrennbare Teil zu verwerten;
- kleinerer Barbeträge oder sonstiger Geldwerte; dabei wird ein sog. Notgroschen in Höhe von aktuell 5.000 EUR dem Hilfebedürftigen belassen.

Tipp:

Das SGB XII bestimmt zum Wohle des Sozialhilfeempfängers in Teilbereichen feste Einkommensgrenzen und schützt dabei auch einzelne Vermögensteile, die das Unterhaltsrecht in dieser Weise nicht kennt. Verfügt der Hilfeempfänger über geschütztes Vermögen nach § 90 Abs. 2 und 3 SGB XII, kann er nach bürgerlichem Recht gleichwohl verpflichtet sein, das Vermögen für seinen Lebensbedarf einzusetzen. Der betagte Mensch ist dann zwar im Sinne der Sozialhilfe bedürftig, er hat aber keinen Anspruch auf Elternunterhalt. In diesen Fällen kann sich das erwachsene Kind mit dem Argument der mangelnden Bedürftigkeit des Hilfeemp-

fängers gegen den beanspruchten Unterhalt zur Wehr setzen. Es ist dann die Aufgabe des Sozialhilfeträgers, im Einzelnen darzulegen und zu beweisen, dass insoweit Sozialrecht und Unterhaltsrecht den gleichen Grundätzen folgen.

Exkurs:

Einen gewissen Ausweg aus diesem Dilemma bietet das Sozialhilferecht bereits nach § 91 SGB XII. Danach soll die Sozialhilfe als Darlehen gewährt werden, wenn nach § 90 SGB XII zwar Vermögen einzusetzen wäre, sein sofortiger Verbrauch oder die sofortige Verwertung jedoch nicht möglich oder zu hart für den Hilfeempfänger wäre. Auf diese Weise vermeidet der Träger der Sozialhilfe eine Auseinandersetzung im Unterhaltsbereich.

VI. Geltendmachung von Elternunterhalt für die Vergangenheit

Der Träger der Sozialhilfe kann den auf ihn übergegangenen Elternunterhalt für die Vergangenheit nicht automatisch ab dem Monat beanspruchen, zu dem der Hilfeempfänger erstmalig Leistungen erhalten hat. Auch in diesem Bereich hat der mögliche Unterhaltsschuldner ein schutzwürdiges Interesse daran, sich auf die kommenden Belastungen einzustellen.

Dem Träger der Sozialhilfe stehen mehrere Möglichkeiten offen, um den geschuldeten Elternunterhalt rückwirkend geltend zu machen. Er kann einmal mit dem bürgerlich-rechtlichen Instrumentarium vorgehen und den unterhaltspflichtigen Verwandten etwa mit dem Auskunftsersuchen nach § 1613 BGB in Verzug setzen. In der Praxis bevorzugt der Sozialhilfeträger jedoch den Weg, den ihm das öffentliche Recht nach § 94 Abs. 4 SGB XII eröffnet. Danach kann er für die Vergangenheit den auf ihn übergegangenen Elternunterhalt von der Zeit an fordern, zu welcher er dem Unterhaltspflichtigen die Erbringung der Leistung schriftlich mitgeteilt hat.

Mit diesem Schreiben wird der Schuldner darüber informiert, dass und ab wann sein hilfebedürftiger Elternteil Leistungen nach dem

Sozialgesetzbuch Zwölftes Buch Leistungen bezieht. Diese Benachrichtigung, die sog. Rechtswahrungsanzeige bzw. Bedarfsanzeige, sichert dem Sozialhilfeträger das Recht, vom möglichen Unterhaltspflichtigen auch rückwirkend die ab Zugang des Schreibens aufgelaufenen Unterhaltsbeträge zu verlangen. Die Mitteilung hat die Wirkung einer Mahnung.

Exkurs:

Die Bedarfsanzeige ist ein einfaches Verwaltungsschreiben ohne hoheitliche Wirkung. Es handelt sich um keinen Verwaltungsakt und muss deshalb auch nicht mit einer Rechtsbehelfsbelehrung versehen werden. Hiergegen gibt es kein Rechtsmittel, wie etwa Widerspruch und Klage zum Sozialgericht. Die Rechtswahrungsanzeige entfaltet ihre Wirkung einzig und allein im Rahmen des bürgerlichen Rechts. Sie stellt hier die gebotene Mahnung an den Unterhaltsschuldner dar, **ab Erhalt des Schreibens** mit laufenden Unterhaltszahlungen rechnen zu müssen. Die Beweislast für den Zugang obliegt dem Sozialhilfeträger. Um dem Einwand der angeschriebenen Verwandten zu entgehen, sie hätten die Bedarfsanzeige nicht erhalten, wird sie in der Regel nicht mit einfacher Post, sondern im Wege der öffentlichen Zustellung herausgeschickt.

VII. Auskunftsansprüche des Sozialhilfeträgers

Mit der Nachricht über den Sozialhilfebezug seiner Eltern erreicht den Unterhaltspflichtigen regelmäßig noch ein weiteres Schriftstück, entweder gleich zusammen mit der Rechtswahrungsanzeige oder mit gesonderter Post. Um sich ein Bild über die finanziellen Verhältnisse des dem Grunde nach unterhaltspflichtigen Kindes machen zu können, benötigt der Sozialhilfeträger konkrete Informationen. Dafür stehen ihm gleich zwei Anspruchsnormen wahlweise zur Verfügung.

1. Auskunftsanspruch nach § 1605 BGB

Mit dem Übergang des materiellen Unterhaltsanspruchs geht auch der privatrechtlich ausgerichtete Auskunftsanspruch des Hilfeempfängers (§ 1605 BGB) auf den Träger der Sozialhilfe über. Der

Vorteil dieses Anspruches ist insbesondere darin zu sehen, dass der Träger der Sozialhilfe den Unterhaltspflichtigen gleichzeitig auf Auskunft und Zahlung des Elternunterhalts in Anspruch nehmen kann.

Der Auskunftsanspruch des BGB hat aber den Nachteil, dass das unterhaltspflichtige Kind nur für sich selbst seine Einkommens- und Vermögensverhältnisse offen legen muss. Der Sozialhilfeträger bringt auf diese Weise nicht das Einkommen des Ehegatten in Erfahrung. Hier stößt er bei seiner Arbeit an die Grenzen des bürgerlich-rechtlichen Auskunftsanspruchs.

2. Auskunftsanspruch nach § 117 SGB XII

Der Gesetzgeber hat deshalb im Bereich der Sozialhilfe die in § 1605 BGB immer wieder beklagte Lücke geschlossen. Dem Sozialhilfeträger wurde mit dem § 117 SGB XII ein eigener, öffentlich-rechtlich ausgestalteter Auskunftsanspruch an die Hand gegeben. Mit der Begründung, dass die wirtschaftliche Leistungskraft des leiblichen Kindes auch durch die Finanzkraft seines Ehegatten/Lebenspartners geprägt werde, ist mit dieser Vorschrift der Kreis der auskunftspflichtigen Personen erheblich ausgeweitet worden.

Danach zählt neben dem Unterhaltspflichtigen auch sein nicht von ihm getrenntlebender Ehegatte oder Lebenspartner (eingetragene Lebenspartnerschaft) zu den Auskunftsschuldnern. Ferner wird die Auskunftspflicht auf Personen ausgedehnt, von denen nach § 36 SGB XII vermutet wird, dass sie zum Lebensunterhalt des Pflichtigen finanziell beitragen. Hierzu gehören alle mit ihm zusammen in einer Wohnung oder Unterkunft lebenden Personen, die mit ihm verwandt oder verschwägert sind.

Wichtig:

Nach § 94 Absatz 1a Satz 3 SGB XII gilt die Vermutung, dass die Angehörigen unter 100.000 EUR brutto im Jahr verdienen, soweit nicht besondere Anhaltspunkte dafür vorliegen. Daher gehört es künftig auch zur Darlegung des Sozialhilfeträgers, aus welchen Anhaltspunkten er zu der Annahme gelangt ist, das Einkommen des unterhaltspflichtigen Kindes liege über 100.000 EUR brutto. Legt dies der Sozialhilfeträger nicht in angemessener Form dar, so ist das Auskunftsbegehren unschlüssig. Bloße Vermutungen und allgemeine Hinweise reichen nicht aus. Hält das Sozialamt das unterhaltspflichtige Kind dem äußeren Anschein nach für vermögend, ist dies ebenfalls nicht ausreichend, denn es kommt auf das Einkommen und nicht auf das vorhandene Vermögen ein. Anhaltspunkte für die Sozialbehörde können der berufliche Status (typische Gutverdiener) ebenso sein wie Hinweise aus den sozialen Medien, zum Beispiel Posts über Luxusreisen auf Facebook oder die Homepage mit dem exklusiven Firmenprofil.

Inwieweit hierunter auch der Partner einer **eheähnlichen** Gemeinschaft zählt, ist umstritten. Maßgeblich ist § 20 SGB XII. Danach sollen Partner einer ehe-/partnerschaftsähnlichen Gemeinschaft hinsichtlich der Voraussetzungen sowie des Umfangs der Sozialhilfe nicht bessergestellt werden als Ehegatten. Die Vorschrift sieht aber nicht vor, dass nichteheliche Partner auskunftspflichtig seien.

Das Kind hat bei seiner Auskunft die Wahl, dem Sozialhilfeträger gleich die wirtschaftlichen Daten beider (Ehe-) Partner zu offenbaren oder sich darauf zu beschränken, zu dem anderen für die weitere Recherche nur pauschal Angaben zu machen.

Wichtig:

Der Unterhaltspflichtige muss Auskunft erteilen zu Einkommens- und Vermögensverhältnissen. Er ist nicht verpflichtet, über die Einkommens und Lebensverhältnisse des Ehegatten bzw. Lebenspartners Auskunft zu geben. Dieser muss aber selbst Auskünfte erteilen, wenn er durch die Behörde direkt aufgefordert wird. Er ist aber nicht verpflichtet, Angaben zu seinem Vermögen zu machen, auch wenn hierfür ein Feld in den üblichen Formularen vorgesehen ist. Auskunft ist nur zu erteilen, soweit es für die Unterhaltsberechnung darauf ankommt. Das Vermögen des Schwiegerkindes ist unter jeglichem Gesichtspunkt tabu, sodass der Träger der Sozialhilfe auch insoweit kein Recht auf Auskunft hat. In den Vordrucken steht diesbezüglich kein Warnhinweis. Daher ist es zu empfehlen, die Auskunft im Rahmen der gesetzlichen Pflicht nicht auf dem Vordruck zu erteilen, sondern eine eigene Aufstellung vorzunehmen und zu übersenden. Der Vordruck kann als Richtschnur genommen werden.

Ist das Auskunftsersuchen an beide Eheleute/Lebenspartner gemeinsam adressiert, liegt kein vorschriftsmäßiges Verwaltungshandeln vor. Der direkte Verwandte und sein Ehegatte/Lebenspartner schulden jeder für sich die Auskunft über ihre wirtschaftlichen Verhältnisse. Deshalb muss auch jeder separat angeschrieben und auf seine Rechte hingewiesen werden.

Eine Auskunftspflicht besteht regelmäßig, wenn ein Unterhaltsanspruch auch nur im Bereich des Möglichen ist. Rechtswidrig ist ein Auskunftsverlangen nur dann, wenn offensichtlich kein überzuleitender Anspruch besteht (sog. Negativevidenz), etwa, wenn ein Stiefkind aufgefordert wurde, seine wirtschaftlichen Verhältnisse zu offenbaren oder der Schuldner nach § 94 Abs. 3 SGB XII geschützt ist.

Durch die Auskunftspflicht des § 117 SGB XII wird das Recht des Einzelnen auf informationelle Selbstbestimmung im Interesse der Allgemeinheit eingeschränkt. Es liegt im allgemeinen Interesse (Nachrang der Sozialhilfe) zu vermeiden, dass aus Steuermitteln finanzierte Leistungen zu Unrecht gewährt werden.

Das Erheben von Sozialdaten ist zulässig, wenn ihre Kenntnis zur Erfüllung der Aufgaben erforderlich ist. Deshalb dürfen die Leistungsträger auch nur solche Auskünfte einholen, die geeignet und erforderlich sind, den Leistungsanspruch festzustellen.

Die im Sozialhilfebereich erheblich ausgeweitete Auskunftspflicht, wonach auch Ehegatten und Lebenspartner des Unterhaltspflichtigen erfasst werden können, wird für verfassungskonform gehalten. Das Recht auf Information und Selbstbestimmung werde auch insoweit durch das höherrangige Allgemeininteresse, den Nachrang der Sozialhilfe zu wahren, berechtigterweise eingeschränkt (LSG Nordrhein-Westfalen Urteil vom 9.6.2008).

3. Inhalt des Auskunftsanspruches

Die zur Auskunft Verpflichteten haben ihre gesamten Einkommens- und Vermögensverhältnisse offen zu legen. Die Auskünfte sind so zu erteilen, dass eine dem Sozialhilferecht gemäße Einkommens- und Unterhaltsberechnung erfolgen kann. Es besteht auch die Pflicht, Belastungen und Verpflichtungen mitzuteilen, damit überprüft werden kann, inwieweit sie bei dem unterhaltsrelevanten Einkommen zu berücksichtigen sind. Die Höhe der Mietzahlungen für die eigene Wohnung wird hier ebenfalls abgefragt. Sie können sich mehr noch als im Unterhaltsrecht auf den beanspruchten Elternunterhalt auswirken.

Tipp:

In dem Fragebogen sind regelmäßig die einschlägigen Fragen schon näher aufgelistet. Trotzdem sollte sich der Auskunftspflichtige nicht nur auf deren Beantwortung beschränken. Hat er etwa Belastungen, die in dem Auskunftsformular fehlen, sollte er sie zusätzlich noch angeben, insoweit noch Ergänzungen machen. Es ist regelmäßig besser, der Träger der Sozialhilfe streicht einzelne Positionen heraus, als dass möglicherweise doch relevante Kosten vergessen werden. Häufig ist es auch ratsam, sich schon in diesem Stadium des Verfahrens rechtlich beraten zu lassen.

Es besteht im Zusammenhang mit der geschuldeten Auskunft auch die Verpflichtung, selbst Belege vorzulegen bzw. ihrer Vorlage zuzustimmen. Beweismittel sind etwa Gehaltsbescheinigungen, Bankauskünfte, Versicherungsunterlagen. Hier gelten die gleichen Regeln wie im bürgerlich-rechtlichen Auskunftsanspruch mit folgender Ausnahme:

Nach § 117 Abs. 1 S. 2 SGB XII kann der Träger der Sozialhilfe vom Unterhaltspflichtigen auch **Belege** über das vorhandene Vermögen anfordern.

Steht der Auskunftspflichtige in einem Arbeitsverhältnis, kann der Träger der Sozialhilfe auch direkt vom Arbeitgeber Informationen über die Art und Dauer der Beschäftigung, die Arbeitsstätte und das

Arbeitsentgelt des bei ihm Tätigen einholen, soweit es zur Einziehung des übergegangenen Unterhaltsanspruchs erforderlich ist. Zu der gebotenen Auskunft des Arbeitgebers gehören auch Angaben über eine Unterbrechung des Arbeitsverhältnisses, Gewährung von freier Kost und Unterkunft oder andere Sachleistungen. Etwaige Fragen über die Einkommensverhältnisse von Familienangehörigen dürfen hingegen nicht beantwortet werden.

Hat der Arbeitnehmer bereits selbst schon umfassende Angaben zu diesen Punkten gemacht und ordnungsgemäß belegt, darf sich der Träger der Sozialhilfe nicht mehr an den Arbeitgeber wenden.

Der Träger der Sozialhilfe kann sich auch direkt an Banken und Sparkassen wenden, um sich von dort Auskünfte über die Vermögensverhältnisse des potenziell unterhaltspflichtigen Verwandten zu verschaffen. Dieses Recht gibt ihm § 117 Abs. 3 SGB XII.

Nach § 117 Abs. 1 S. 4 SGB XII steht ihm ferner das Recht zu, bei den Finanzbehörden Auskunft über die ihnen bekannten Einkommens- und Vermögensverhältnisse des Unterhaltsverpflichteten einzuholen. Auch hier muss zuvor der Auskunftsverpflichtete selbst zur Offenlegung seiner wirtschaftlichen Verhältnisse aufgefordert worden sein. Erst wenn dieser nicht darauf reagiert oder nur unvollständig Auskunft erteilt hat, darf der Sozialhilfeträger die Finanzbehörden, sprich das Finanzamt, ansprechen.

Wer die Auskünfte vorsätzlich oder fahrlässig nicht, nicht richtig oder unvollständig bzw. nicht rechtzeitig erteilt, handelt ordnungswidrig. Die Ordnungswidrigkeit kann mit einer Geldbuße geahndet werden (§ 117 Abs. 6 SGB XII).

Tipp:

Es besteht insgesamt gesehen ein engmaschiges Netz von Auskunftsrechten der Sozialhilfeträger. Das Risiko ist daher hoch, mit falschen Angaben aufzufliegen und sich einem Strafverfahren ausgesetzt zu sehen.

4. Abwehrrechte gegen den Auskunftsanspruch

Das Auskunftsersuchen nach § 117 SGB XII ist ein massiver Eingriff in die Privatsphäre des Einzelnen. Er stellt einen Verwaltungsakt dar und muss deshalb mit einer Rechtsbehelfsbelehrung versehen werden. Will der auf Auskunft in Anspruch Genommene seine wirtschaftlichen Verhältnisse nicht offen legen, sehen seine nächsten Schritte wie folgt aus:

Er muss binnen Monatsfrist gegen den Verwaltungsakt Widerspruch einlegen. Behördenintern prüft dann der Träger der Sozialhilfe die Begründetheit dieses Widerspruchs und erlässt anschließend einen förmlichen Widerspruchsbescheid.

Bestätigt der Sozialhilfeträger die Rechtmäßigkeit der verlangten Auskunft, muss der Pflichtige innerhalb eines Monats hiergegen eine Klage beim Sozialgericht einlegen. Das Gericht überprüft anhand des vorliegenden Sachverhaltes, inwieweit das Auskunftsersuchen von den Vorschriften des SGB XII gedeckt ist.

Die Einlegung von Rechtsmitteln hat keine aufschiebende Wirkung. Der Sozialhilfeträger bleibt deshalb befugt, die Auskunft mit öffentlichen Zwangsmitteln, in der Regel Zwangsgeld, durchsetzen. Der Auskunftsverpflichtete kann deshalb bei Gericht zusätzlich noch den Antrag stellen, den Vollzug der Auskunftsforderung vorläufig auszusetzen.

Die Erfahrung zeigt, dass auch ohne diesen Zusatzantrag die Träger der Sozialhilfe die Bearbeitung der Unterhaltsakten solange ruhen lassen, bis das Sozialgericht eine Entscheidung über die Rechtmäßigkeit des Auskunftsersuchens getroffen hat.

Das Auskunftsersuchen ist nur dann rechtswidrig, wenn ganz offensichtlich kein Unterhaltsanspruch in Betracht kommt. Dies ist etwa der Fall, wenn der auf Auskunft in Anspruch Genommene von der Person her schon gar nicht unterhaltspflichtig sein kann, etwa weil er der Neffe ist. Unter Umständen kann ein Auskunftsersuchen auch einmal deshalb eklatant fehlerhaft sein, weil sich der direkte Abkömmling auf grobe Unbilligkeit beruft und aus den Gesamtumständen klar hervorgeht, dass ein Unterhaltsanspruch nicht in Betracht kommen kann.

In der Regel wird das Sozialgericht den Anspruch des Sozialhilfeträgers auf Auskunft bestätigen. Vielfach wird dieser Prozessausgang auch schon von Anfang an erwartet. Für einige Unterhaltspflichtige ist es ein rein taktisches Manöver. Sie wollen mit einem Widerspruch und der anschließenden Klage zum Sozialgericht dem Träger der Sozialhilfe die praktische Durchsetzung des Unterhaltsanspruchs erschweren. Schon allein das kann sich für Unterhaltsschuldner u. U. positiv auswirken.

VIII. Weiterer Gang der Kosteneinziehung

Wurden die Auskünfte erteilt, so legt der Sozialhilfeträger auf dieser Basis die Berechnung des Unterhaltes vor, die in jedem Fall genauestens überprüft werden sollte. In der Praxis stellt sich heraus, dass die erste Berechnung der Behörde in den meisten Fällen falsch ist. Das liegt daran, dass Abzugspositionen vergessen wurden, Abzüge nicht im angemessenen Umfang berücksichtigt wurden oder sich mit Argumenten zur Verwirkung nicht ausreichend auseinandergesetzt wurde. Die Möglichkeiten sind vielfältig.

In diesem Verfahrensabschnitt ist die beste Zeit, mit dem Träger der Sozialhilfe über den geforderten Elternunterhalt ins Gespräch zu kommen. Die Berechnungsgrundlagen wurden dargelegt und es kann auf Fehleinschätzungen hingewiesen werden. Häufig kann auch verhandelt werden, mit dem Ziel, zu einer Konsenslösung zu kommen. Wenn die Verhandlungen auf sachlicher Ebene – ggf. mit anwaltlicher Begleitung – geführt werden stehen die Chancen relativ gut, ohne ein gerichtliches Verfahren eine tragbare Lösung zu erzielen. Auch die Sozialämter sind nicht daran interessiert, aufwändige und langandauernde Prozesse zu führen. Nur wenn eine Einigung überhaupt nicht möglich ist bleibt die Entscheidung durch das Gericht. Da der Sozialhilfeträger Ansprüche der Eltern geltend macht, steht er dem unterhaltspflichtigen Kind auf Augenhöhe gegenüber und muss wie jeder andere Unterhaltsgläubiger durch einen Antrag vor dem Familiengericht seine Ansprüche begründen und durchsetzen. Ein erfahrener Rechtsanwalt kann einschätzen, ob es Sinn macht, sich auf ein gerichtliches Verfahren einzulassen. Ohne eine gerichtliche Entscheidung darf der Träger der Sozialhilfe nicht gegen den Unterhaltspflichtigen vollstrecken.

10. Kapitel

Umgang mit dem Sozialhilfeträger – mit Checklisten

Die nachfolgenden Checklisten fassen noch einmal komprimiert die Anregungen aus diesem Buch zusammen und sollen eine Hilfestellung bieten, sich frühzeitig mit dem Thema zu beschäftigen. Erfahrungsgemäß hilft es sehr, gut vorbereitet in die Diskussion mit dem Träger der Sozialhilfe zu gehen, um ein gerichtliches Verfahren zu vermeiden und eine angemessene Lösung zu erzielen, ohne dabei im Übermaß finanziell belastet zu werden.

Checkliste: Vorbeugende Überlegungen	
Gibt es wichtige Anschaffungen oder Reparaturen?	✓
Kredit statt Zahlung aus dem Vermögen?	
Sind die Möglichkeiten der Altersvorsorge ausgeschöpft?	
Ist die Anschaffung von Wohnungseigentum geplant?	
Sind Ehepartner und Kinder abgesichert?	
Zugewinngemeinschaft oder lieber Gütertrennung?	
Vorsorge- und Betreuungsvollmacht für die Eltern?	
Geeignetes Pflegeheim gefunden?	
Richtiger Pflegegrad beantragt?	
Frühzeitige Übertragung der elterlichen Immobilie (10-Jahresfrist!)	
Frühzeitige „was-wäre-wenn"-Berechnung erstellen	
Einkommens-und Vermögenssituation legal optimieren	
Vermögen strukturiert in geschützten Bereichen, zum Beispiel Altersvorsorge angelegt?	

Checkliste: Post vom Sozialamt	
Richtig zugestellt?	✓
An wen adressiert?	
Wirksame Rechtswahrungsanzeige?	
Datum der Zustellung notiert?	
Hat das Amt die Überprüfung richtig begründet? (Vermutungsregel!).	
100.000 EUR Grenze richtig berechnet und überschritten?	
Vorsorge für mögliche Nachzahlung getroffen?	
Auskunft auch vom Partner erforderlich?	
Formular oder eigene Aufstellung übersenden?	
Sind Bedarf und Bedürftigkeit dargelegt?	
Sind die Angaben richtig?	
Kann noch Einkommen oder Vermögen der Eltern aktiviert werden?	
Gibt es andere, vorrangige Unterhaltsverpflichtete (Ehepartner)?	
Angemessenes Pflegeheim?	
Richtige Pflegestufe beantragt?	
Investitionskosten des Pflegeheims richtig ausgewiesen?	
Überprüfung der Geschwistereinkommen?	
Vorläufige Berechnung erstellen?	

Berechnung der Behörde überprüfen	
Ist mein Einkommen zutreffend ermittelt?	✓
Wurden alle Abzüge geltend gemacht?	
Richtiger oder zu geringer Selbstbehalt?	
Wurden alle Abzüge anerkannt?	
Einzelnes Einkommen oder Familieneinkommen?	
Geschütztes Vermögen richtig berücksichtigt?	
Kein Zugriff auf Vermögen des Ehepartners!	
Wird Altersvorsorge anerkannt?	
Gibt es weiteres geschütztes Vermögen?	
Sind notwendige Rücklagen berücksichtigt?	
Sind Anteile der Geschwister richtig berechnet?	
Bin ich über Einkommen und Vermögen der Geschwister informiert?	
Einzusetzendes Vermögen der Geschwister?	

Unterhalt wegen Verwirkung ausgeschlossen?	
Liegen Anhaltspunkte für ein Fehlverhalten der Eltern vor?	✓
Kann ich es beweisen?	
Zeugen, Urkunden, weitere Schriftstücke, Atteste?	
Sind die Verfehlungen der Eltern schwer genug?	
Werde ich mich Gegenvorwürfen ausgesetzt sehen? Kann ich die widerlegen?	
Verwirkung wegen Zeitablaufs eingetreten?	
War das Sozialamt länger als ein Jahr untätig?	

Sachverzeichnis

A

B

C

D

E

F

T

U

V

W

Z

Gerichtskostengesetz
Justizvergütungs-
und -entschädigungsgesetz

13. Auflage
2020

Beck-Texte im dtv

EuR
Europa-Recht
Europäische Union
(EUV/AEUV)
Charta der Grundrechte
Gerichtsbarkeit
Europarat-Satzung
EMRK
Begleitgesetze

28. Auflage
2020

Beck-Texte im dtv

Einstieg

RVG · Rechtsanwaltsvergütungsgesetz
Textausgabe TOPTITEL
13. Aufl. 2020. 298 S.
€ 12,90. dtv 5762

Rechtsanwaltsvergütungsgesetz, Gerichtskostengesetz, Justizvergütungs- und -entschädigungsgesetz.

Loos
Recht: verstanden!
So funktioniert unser Rechtssystem.
Juristische Grundlagen einfach erklärt.
Beck im dtv
2. Aufl. 2015. 186 S.
€ 12,90. dtv 50764
Auch als **ebook** erhältlich.

Warum gibt es Recht? Wer macht die Gesetze? Warum bekommt der, der Recht hat, nicht immer Recht. Mit vielen Beispielen.

Haft
Aus der Waagschale der Justitia
Eine Reise durch 4000 Jahre Rechtsgeschichte.
Beck im dtv
4. Aufl. 2009. 335 S.
€ 18,90. dtv 5690

Europa

EuR · Europa-Recht
Textausgabe

28. Aufl. 2020. 777 S.
€ 13,90. dtv 5014
Neu im Mai 2020

Vertrag über die Europäische Union, Vertrag über die Arbeitsweise der Europäischen Union, Charta der Grundrechte der Europäischen Union, Rechtsstellung des Unionsbürgers, Integrationsverantwortungsgesetz, Ausführungsgesetze zu Art. 23 GG, Europawahl-Gesetz, Verfahrensordnungen, Satzung des Europarates, Menschenrechtskonvention

Schrötter
Kleines Europa-Lexikon
Geschichte · Politik · Recht.
Beck im dtv
2. Aufl. 2016. 623 S.
€ 24,90. dtv 50782
Auch als **ebook** erhältlich.

Über 200 praxisnahe Stichworte von der Agrarpolitik bis hin zur Zypernfrage. Die rechtlichen und politischen Hintergründe des modernen Europa werden in diesem Lexikon klar und verständlich dargestellt.

Völkerrechtliche Verträge

Internationale Organisationen
MenschenR
See-, Luft- und WeltraumR
UmweltR
Streitbeilegung
KriegsverhütungsR
KriegsR
Internationale Strafgerichtsbarkeit

15. Auflage
2019

Beck-Texte im dtv

Weltweit

Völkerrechtliche Verträge
Vereinte Nationen, Zwischenstaatliche Beziehungen, Menschenrechte, See-, Luft- und WeltraumR, UmweltR, Streitbeilegung, KriegsverhütungsR, KriegsR, Internationale Strafgerichtsbarkeit.
Textausgabe **TOPTITEL**
15. Aufl. 2019. 886 S.
€ 19,90. dtv 5031

Europäisches Beihilfenrecht
Textausgabe
1. Aufl. 2017. 407 S.
€ 15,90. dtv 5784

Welthandels-
organisation

WTO-Übereinkommen
GATT 1947/1994
TFA · SPS · TBT
GATS · TRIPS · GPA
Streitbeilegung

6. Auflage
2020

Beck-Texte im dtv

WTO · Welthandelsorganisation
Textausgabe
6. Aufl. 2020. 448 S.
€ 25,90. dtv 5752

Mit WTO-Übereinkommen, GATT 1947/1994, Landwirtschaftsübereinkommen, Übereinkommen über Handelserleichterungen (TFA), Übereinkommen über gesundheitspolizeiliche Maßnahmen (SPS), Übereinkommen über technische Handelshemmnisse (TBT), Subventionsübereinkommen, Antidumping-Übereinkommen, Dienstleistungsabkommen (GATS), Übereinkommen über geistiges Eigentum (TRIPS), Streitbeilegungsvereinbarung (DSU), Übereinkommen über das öffentliche Beschaffungswesen (GPA)

**Menschenrechte –
Ihr internationaler Schutz**
Menschenrechtspakte, EU-Grundrechtecharta, Flüchtlinge, Folter/Todesstrafe, Antidiskriminierung, Biomedizin/Genomforschung, Internationaler Strafgerichtshof, Verfahrensordnungen.
Textausgabe
7. Aufl. 2018. 759 S.
€ 28,90. dtv 5531

Jugendrecht

SGB VIII: Kinder- u. Jugendhilfe
JugendschutzG
Jugendmedienschutz-Staatsvertrag
JugendarbeitsschutzG
BAföG
BerufsbildungsG (Auszug)

41. Auflage
2020

Beck-Texte im dtv

STAND
1.1.2020

Jugend und Recht

JugR · Jugendrecht
SGB VIII – Kinder- und Jugendhilfe, AdoptionsvermittlungsG, UnterhaltsvorschussG, JugendschutzG.
Textausgabe **TOPTITEL**
41. Aufl. 2020. 659 S.
€ 10,90. dtv 5008

AdoptionsvermittlungsG, BAföG, Bayerisches StrafvollzugsG (Auszug), BerufsbildungsG (Auszug), Brüssel IIa-VO (Auszug), Bürgerliches Gesetzbuch mit EGBGB (Auszug), Bundes-ImmissionsschutzG (Auszug), FamFG (Auszug), JugendarbeitsschutzG, JugendfreiwilligendiensteG, JugendgerichtsG, Jugendmedienschutz-Staatsvertrag, JugendschutzG, JugendstrafvollzugsG NRW, Gesetz zur Kooperation und Information im Kinderschutz (KKG), Kinderschutzübereinkommen (Auszug), SGB I: Allgemeiner Teil (Auszug), SGB II: Grundsicherung für Arbeitsuchende (Auszug), SGB III: Arbeitsförderung (Auszug), SGB VIII: Kinder- und Jugendhilfe, SGB XII: Sozialhilfe (Auszug), Strafgesetzbuch (Auszug), UnterhaltsvorschussG

Schule und Hochschule

Brehm/Zimmerling/
Brehm-Kaiser/Zimmerling
Erfolgreich zum Wunschstudienplatz
Bewerbung · hochschulstart.de · NC · Auswahlverfahren und -tests · Rechtsschutz · Studienplatzklage.
Rechtsberater
2. Aufl. 2015. 300 S.
€ 16,90. dtv 50765

BAföG · Bildungsförderung
Textausgabe
32. Aufl. 2016. 400 S.
€ 15,90. dtv 5033

Theisen
ABC des wissenschaftlichen Arbeitens
Erfolgreich in Schule, Studium und Beruf.
Beck im dtv
1. Aufl. 2006. 263 S.
€ 9,50. dtv 50897

Gramm/Wolff
Jura – erfolgreich studieren
Für Schüler und Studenten.
Rechtsberater
7. Aufl. 2015. 277 S.
€ 14,90. dtv 50770
Auch als **ebook** erhältlich.

Ehe, Familie und Partnerschaft

FamR · Familienrecht
Zu Ehe, Scheidung, Unterhalt, Versorgungsausgleich, Lebenspartnerschaft und internationalem Recht.
Textausgabe TOPTITEL
19. Aufl. 2019. 938 S.
€ 14,90. dtv 5577

Die 19. Auflage der Textausgabe ist umfassend aktualisiert und bietet ein ausführliches Sachverzeichnis für den schnellen, gezielten Zugriff sowie eine aktualisierte Einführung von Universitätsprofessorin Dr. Dagmar Coester-Waltjen.

Grziwotz
Rechtsfragen zur Ehe
Voreheliches Zusammenleben, Ehevermögensrecht, Unterhalt, Vereinbarungen
Rechtsberater TOPTITEL
5. Aufl. 2019. 201 S.
€ 14,90. dtv 51214
Auch als **ebook** erhältlich.

Dieser aktuelle Ratgeber informiert **allgemeinverständlich und praxisnah** über alle Rechtsfragen rund um die Eheschließung, Eintragung der Lebenspartnerschaft, Vollmachten in der Ehe, Familienunterhalt, Namensrecht und Güterrecht.

Zahlreiche Beispiele und praktische Tipps machen die Ausführungen anschaulich.

Dahmen-Lösche
Scheidungsberater für Frauen
Ihre Rechte und Ansprüche bei Trennung und Scheidung.
Rechtsberater
3. Aufl. 2016. 166 S.
€ 11,90. dtv 50753
Auch als **ebook** erhältlich.

Dieses Buch berät umfassend mit vielen Beispielen, Mustern und Checklisten.

Klein
Eheverträge
Sicherheit für die Zukunft.
Rechtsberater
6. Aufl. 2020. 276 S. **NEU**
€ 19,90. dtv 51244
Auch als **ebook** erhältlich.
Neu im August 2020

Umfassend informiert zum Ehevertrag.

Eheverträge regeln die wirtschaftlichen Folgen einer Ehe. Wann aber ist ein Ehevertrag überhaupt sinnvoll? Gibt es **Vor- und Nachteile?** Welche **Gestaltungsmöglichkeiten** gibt es, um die Rechtsbeziehungen zwischen Eheleuten vertraglich zu regeln?

Dieser Rechtsberater gibt **wertvolle Tipps anhand von vielen Beispielsfällen und Mustern** für die Regelungen im Ehevertrag – vor Schließung der Ehe, während der Ehe und im Fall von Trennung und Scheidung.

Die anschauliche und verständliche Darstellung des Themas schafft schnell und sicher Klarheit. Berücksichtigt sind die aktuelle höchstrichterliche Rechtsprechung und die wichtigsten Änderungen bei Unterhalt, Zugewinn und Versorgungsausgleich sowie die neueste Düsseldorfer Tabelle.

Vorteile auf einen Blick:

- anschauliche und verständliche Darstellung des Themas
- mit vielen Beispielsfällen, Musterformulierungen und wertvollen Praxistipps sowohl für vorsorgende Eheverträge als auch für Trennungs- und Ehescheidungsfolgenverträge
- mit der aktuellen höchstrichterlichen Rechtsprechung und wichtigen neuen gesetzlichen Regelungen, einschließlich der EU-Güterrechtsverordnung

Der **Autor Michael W. Klein** ist Rechtsanwalt und Fachanwalt für Familienrecht.

Lütkehaus/Matthäus
Guter Umgang für Eltern und Kinder
Ein Ratgeber bei Trennung und Scheidung
Rechtsberater
2018. 249 S.
€ 18,90. dtv 51227
Auch als **ebook** erhältlich.

Beispielsfälle aus der langjährigen Praxis der Autoren, Erfahrungsberichte, Info-Kästen, Checklisten, Übungen und Muster bieten **konkrete Hilfestellungen** an und gestalten den Ratgeber alltagstauglich und praxisnah.

Heiß/Heiß
Die Höhe des Unterhalts von A–Z
Mehr als 400 Stichwörter zum aktuellen Unterhaltsrecht.
Rechtsberater
12. Aufl. 2018. 536 S.
€ 21,90. dtv 51217
Auch als **ebook** erhältlich.

Dieser Rechtsberater klärt verständlich von A bis Z **in mehr als 400 Stichwörtern** alle in der Praxis relevanten Unterhaltsfragen.

Schwab/Görtz-Leible
Meine Rechte bei Trennung und Scheidung
Unterhalt · Ehewohnung · Sorge · Zugewinn- und Versorgungsausgleich.
Rechtsberater **TOPTITEL**
9. Aufl. 2017. 326 S.
€ 15,90. dtv 51208
Auch als **ebook** erhältlich.

Ratgeber zu allen Rechtsfragen bei Trennung und Scheidung.

Dahmen-Lösche
Ehevertrag – Vorteil oder Falle?
So finden Sie Ihre perfekte Regelung.
Rechtsberater
3. Aufl. 2017. 164 S.
€ 13,90. dtv 51216
Auch als **ebook** erhältlich.

Mit zahlreichen Mustern und Beispielen.

Peyerl
Vermögensteilung bei Scheidung
So sichern Sie Ihre Ansprüche.
Rechtsberater
3. Aufl. 2016. 132 S.
€ 11,90. dtv 50786
Auch als **ebook** erhältlich.

Grziwotz/Kappler/Kappler
Trennung und Scheidung richtig gestalten
Getrenntleben, Scheidung, Lebenspartnerschaftsaufhebung, Vermögensauseinandersetzung und Unterhalt.
Rechtsberater
9. Aufl. 2018. 301 S.
€ 14,90. dtv 51229
Auch als **ebook** erhältlich.

Informiert über die gesetzlichen Regelungen und zeigt Vereinbarungsmöglichkeiten.

Strecker
Versöhnliche Scheidung
Trennung, Scheidung und deren Folgen einvernehmlich regeln.
Rechtsberater
5. Aufl. 2014. 349 S.
€ 16,90. dtv 50759
Auch als **ebook** erhältlich.

Bietet Hilfe bei der Suche nach einvernehmlichen Lösungen während Trennung und Scheidung. Berücksichtigt sind auch psychologische Aspekte.

Schlickum
Scheidungsberater für Männer
Meine Rechte und Ansprüche bei Trennung und Scheidung.
Rechtsberater
4. Aufl. 2018. 194 S.
€ 14,90. dtv 51220
Auch als **ebook** erhältlich.

Dieser Rechtsberater speziell für Männer bietet umfassend und verständlich Hilfe **bei allen wichtigen rechtlichen Fragen** bei Trennung und Scheidung.

Mit zahlreichen **Beispielen, Mustern, Hinweisen und Praxistipps**.

Berücksichtigt sind die aktuelle Düsseldorfer Tabelle und die Süddeutschen Leitlinien.

Wernitznig
Meine Rechte und Pflichten als Vater
Vaterschaft, Sorgerecht, Umgang, Namensrecht, Unterhaltsfragen, erbrechtliche und steuerrechtliche Fragen.
Rechtsberater
2. Aufl. 2014. 148 S.
€ 11,90. dtv 50756
Auch als **ebook** erhältlich.

Zimmermann
Ratgeber Betreuungsrecht
Hilfe für Betreute, Betreuer
und Angehörige.
Rechtsberater
11. Aufl. 2020. 335 S.
€ 21,90. dtv 51240
Auch als **ebook** erhältlich.

TOPTITEL

Schnelle Information zu betreuungsrechtlichen Fragen.

Dieser Rechtsberater informiert umfassend über Rechte und Pflichten der Beteiligten bei einer Betreuung. Beantwortet sind alle wesentlichen Fragen zum Betreuungsrecht, u. a.:

- Wann und wie wird ein Betreuer bestellt?
- Was kann ich mit einer Patientenverfügung regeln?
- Welche Kosten entstehen und wer muss sie tragen?

Alle Vorteile auf einen Blick:

- Praxisnahe Beispiele, tabellarische Übersichten und Lösungsvorschläge
- Änderungen im Verfahrens-, Vergütungs- und Unterbringungsrecht werden berücksichtigt

Der Autor **Prof. Dr. Walter Zimmermann** ist Vizepräsident des Landgerichts Passau a. D. und Honorarprofessor für Bürgerliches Recht und Zivilprozessrecht an der Universität Regensburg.

Betreuung und Alter

BtR · Betreuungsrecht
BetreuungsG, BetreuungsbehördenG,
Vormünder- und BetreuervergütungsG.
Textausgabe **TOPTITEL**
15. Aufl. 2019. 173 S.
€ 6,90. dtv 5570

Mit den Neuerungen der Vergütung insbesondere von Betreuern durch das geplante Gesetz zur Anpassung der Betreuer- und Vormündervergütung.

Zimmermann
Betreuungsrecht von A–Z
Rund 470 Stichwörter zum
aktuellen Recht.
Rechtsberater
5. Aufl. 2014. 389 S.
€ 19,90. dtv 50757
Auch als **ebook** erhältlich.

Der Ratgeber informiert lexikalisch umfassend und leicht verständlich über alle wesentlichen Fragen der Betreuung.

Kempchen/Krahmer
Mein Recht bei Pflegebedürftigkeit
Leitfaden zu Leistungen der Pflegeversicherung.
Rechtsberater
4. Aufl. 2018. 296 S.
€ 18,90. dtv 50775
Auch als **ebook** erhältlich.

Behandelt das Thema leicht verständlich und erklärt es anhand von vielen Beispielen.

Winkler
Betreuung in Frage und Antwort
Alle wichtigen rechtlichen Aspekte für
Betreute und Betreuer
Rechtsberater
2. Aufl. 2017. 250 S.
€ 15,90. dtv 51203
Auch als **ebook** erhältlich.

Mit zahlreichen Beispielen und Checklisten.

Erben und Vererben

ErbR · Erbrecht
Bürgerliches Gesetzbuch, Europäische ErbrechtsVO, Zivilprozessordnung, Familienverfahrensgesetz, Beurkundungsgesetz, Höfeordnung, Erbschaftsteuer- und Schenkungsteuergesetz, Einkommensteuergesetz, Bewertungsgesetz, Sozialrecht und aktuelle Sterbetafeln. Mit Auszügen aus dem RPflG.
Textausgabe **TOPTITEL**
5. Aufl. 2020. 703 S.
€ 24,90. dtv 5779

Klinger
Erbrecht in Frage und Antwort
Vorsorge zu Lebzeiten, Erbfall, Testament, Erbvertrag, Vollmachten, Steuern, Kosten.
Rechtsberater
6. Aufl. 2017. 386 S.
€ 17,90. dtv 51206
Auch als **ebook** erhältlich.

Der Ratgeber erklärt leicht verständlich alle Fragen zu Testament, Erbvertrag, Widerruf und Anfechtung letztwilliger Verfügungen.

Horn
Ratgeber für Erben
Recht bekommen bei der Abwicklung des Erbes, in der Erbengemeinschaft und beim Pflichtteil.
Rechtsberater
3. Aufl. 2017. 278 S.
€ 16,90. dtv 50787
Auch als **ebook** erhältlich.

Winkler
Erbrecht von A–Z
Über 240 Stichwörter zum aktuellen Recht.
Rechtsberater
14. Aufl. 2015. 379 S.
€ 19,90. dtv 50783